U0940607

NONGCUN ZHAIJIDI FANGDI YITI QUANJI DIAOCHA SHIJIAN YU TANSUO

农村宅基地

房地一体权籍调查实践与探索

——以都匀市农村宅基地房地一体权籍调查项目为例

张光华 / 著

图书在版编目（CIP）数据

农村宅基地房地一体权籍调查实践与探索：以都匀市农村宅基地房地一体权籍调查项目为例 / 张光华著. -- 贵阳：贵州大学出版社, 2023.6
ISBN 978-7-5691-0743-2

Ⅰ.①农… Ⅱ.①张… Ⅲ.①农村－住宅建设－土地所有权－调查研究－贵州 Ⅳ.①F321.1

中国国家版本馆CIP数据核字(2023)第110523号

农村宅基地房地一体权籍调查实践与探索

——以都匀市农村宅基地房地一体权籍调查项目为例

著　　者：张光华

出 版 人：闵　军
责任编辑：陈婷婷
责任校对：杨鸿雁
装帧设计：陈　艺　申　云

出版发行：贵州大学出版社有限责任公司
　　　　　地址：贵阳市花溪区贵州大学北校区出版大楼
　　　　　邮编：550025　电话：0851-88291180
印　　刷：贵阳精彩数字印刷有限公司
开　　本：710毫米×1000毫米　1/16
印　　张：10.75
字　　数：185 千字
版　　次：2023 年 6 月第 1 版
印　　次：2023 年 6 月第 1 次印刷

书　　号：ISBN 978-7-5691-0743-2
定　　价：32.00元

版权所有　违权必究
本书若出现印装质量问题，请与出版社联系调换
电话：0851-85987328

前言 FOREWORD

推动农村房地一体不动产确权登记及发证工作是有效保障农民合法财产权益，促进实施乡村振兴战略，保证农村秩序和谐稳定的重要举措，是新时期国务院关于“三农”工作的一项重要决策部署。

本书以贵州省地质矿山勘查开发局（以下称贵州省地矿局）地质科研项目《倾斜航测技术在不动产确权登记中的运用——以都匀市农村宅基地房地一体确权登记发证项目为例》为依托，研究了农村不动产权籍调查相关理论、技术和方法，梳理了传统测绘技术在权籍调查应用中存在的问题，在研究和分析倾斜航空摄影测量技术、国土云调查等新型测绘技术特点及其在农村不动产权籍调查中应用的可行性基础上，提出了一套以倾斜航空摄影测量技术为代表的新型测绘技术与传统测绘技术高效协同的农村不动产权籍调查方案，并从野外数据采集、控制测量、数据处理、数据建库、质量控制以及成果汇交等方面全面阐述了方案的具体实施过程。在都匀市农村宅基地房地一体不动产权籍调查项目实施中，约 80% 的区域采用倾斜摄影测量方法，20% 的区域采用传统测量方法，通过两种方法套合作业，较好地完成了该项目，同时取得了较好的经济与社会效益。该方案是我们在长期生产实践中总结和探索出来的成果，是贵州测绘人充分利用测绘技术完成国家关于农村宅基地房地一体确权登记发证重大任务的缩影。希望能为广大测绘同仁实施类似项目提供参考与帮助。

本书撰写过程中，罗绍波、袁坤、曹承成、周宾喜等同志在航飞、外业数据采集、内业数据处理、精度检查等方面给予了大力支持与帮助，贵州大学矿业学院测绘工程教研室张俊老师、贵州省地矿局一〇四地质大队与都匀市自然资源局的领导和同仁对本书的编写提出了宝贵意见，在此向他们致以衷心的感谢！

随着计算机技术、信息技术、测绘技术的不断发展以及政策、行业要求的变化，本书涉及的相关理论和技术还将继续完善，我们必将紧跟时代步伐，与时俱进，努力学习和研究新理论、新技术，并及时创新思路，将新技术、新理论、新方法应用到新的生产实践中去。

限于水平，书中难免存在缺点和疏漏之处，希望读者批评指正。

张光华

2022 年 8 月于贵州都匀

目 录 CONTENTS

第一章　绪　　论

第二章　农村宅基地和集体建设用地权籍调查概述

第三章　农村宅基地和集体建设用地权籍调查基本内容

第四章　测绘技术在农村不动产权籍调查中的应用

第五章　测绘方法适宜性分析

第六章　数据库建设及质量控制

第七章　成果数据汇交

附　录

第一章　绪　　论

1.1 研究背景

为落实中央关于“赋予农民更多财产权利，保障农户宅基地用益物权，改革完善农村宅基地制度；建立城乡统一的建设用地市场，在符合规划和用途管制前提下，允许集体经营性建设用地实行与国有土地同等入市、同权同价”改革精神，2014 年 2 月 14 日，国土资源部①、财政部等部门联合发布《国土资源部 财政部 住房和城乡建设部 农业部 国家林业局关于进一步加快推进宅基地和集体建设用地使用权确权登记发证工作的通知》（国土资发〔2014〕101 号）文件，进一步加快推进宅基地和集体建设用地使用权确权登记发证工作。2015 年 3 月 30 日，国土资源部发布《国土资源部关于做好不动产权籍调查工作的通知》（国土资发〔2015〕41 号）文件，制定了《不动产权籍调查技术方案（试行）》，进一步积极稳妥、规范、有序地推进农村权籍调查工作，全力保障农村宅基地和集体建设用地确权登记发证工作顺利进行。2016 年 12 月，国土资源部在总结了国土资发〔2014〕101 号文件执行中存在的问题，特别是农村土地制度改革试点地区土地确权存在的问题之后，为进一步加快农村宅基地和集体建设用地确权登记发证工作，有效支撑农村土地制度改革，又进一步印发了《国土资源部关于进一步加

① 已于2018年3月撤销，其职责并入新组建的自然资源部。

快宅基地和集体建设用地确权登记发证有关问题的通知》（国土资发〔2016〕191号）文件。自此，我国农村房地一体不动产确权登记及发证工作全面展开。2020年5月，为确保2020年底基本完成宅基地和集体建设用地使用权确权登记工作，自然资源部颁发了《自然资源部关于加快宅基地和集体建设用地使用权确权登记工作的通知》（自然资发〔2020〕84号）文件。该文件要求各地务必要克服困难和新冠疫情影响，按照党中央部署，积极稳步推进农村宅基地和集体建设用地确权工作。

为执行好党中央和自然资源部的有关部署，2019年贵州省出台了《省自然资源厅关于加快推进农村房地一体宅基地、集体建设用地确权登记工作的通知》（黔自然资函〔2019〕570号）文件，要求贵州全省各级各部门认真、高质量完成贵州省域农村房地一体不动产确权登记及发证工作。

根据有关文件精神，全国各地均在开展农村宅基地和集体建设用地确权登记工作。本书结合都匀市农村宅基地房地一体权籍调查项目，将理论与实践相结合，对各种调查的方法进行研究分析。

1.2 研究目的及意义

不动产测绘数据采集方式关系着登记工作能否快速、便捷、顺利地实施。传统的不动产登记调查工作进展缓慢，无法满足不动产登记调查的需求。无人机倾斜摄影测量技术是一项新兴技术，研究其在不动产测绘中采集数据、构建模型、获取成果等方面的应用具有重要意义。

农村宅基地及房屋权籍调查以“权属合法、界址清楚、面积准确”为原则，以不动产单元为基本单位，重点复核农村宅基地、集体建设用地权属调查和地籍测量成果，完成地上房屋及其定着物的调查和测量，建立农村“房地一体”的权籍调查数据库，以满足不动产统一登记工作的需求。传统的不动产测量通常采用GPS-RTK（GPS实时动态定位）结合全站仪的实地测量方法，优点是精度高，缺点是工作量大，需投入大量人力、物力，且效率低、周期长、成本高。随着倾斜摄影测量技术的发展和无人机的快速成熟应用，基于无人机技术的倾斜航空摄影测量，可以方便、灵活地获取多角度高分辨影像，快速自动地生成实景三维模型，并可以在室内基于实景三维模型进行地理要素采集，从技术上，可以替代大部分外业实测工作，节省了时间，具有效率高、成本低、数据精确等特点。因此，将无人机倾斜摄影技术应用于农村不动产房地一体测绘工作不仅具有重要意义，更是现实需求。本书以都匀市农村宅基地房地一体确权登记发证项目实践为基础，详细阐述利用无人机倾斜摄影方法及技术获取地籍测量、宅基地测量数据，并实地踩点检验，对其实施的理论和技术可行性进行分析、验证、总结，为实现农村不动产房地一体调查提供最佳方案和可供参考的作业模式。

1.3 研究内容及本书特色

1.3.1 研究内容

本书结合都匀市农村宅基地房地一体权籍调查项目实施情况，以权籍调查为基础，以宗地为依托，以满足不动产登记要求为出发点，充分利用已有不动产权籍调查、登记成果，以及前期审批、交易、竣工验收等资料，用已有的集体土地所有权权籍图、城镇权籍图、村庄权籍图、地形图、影像图等图件作参考，通过全野外解析法、图解法（二维图解＋勘丈法、三维图解＋勘丈法）、“国土调查云”调查法，内业通过相关软件勾绘宗地及房产分层分户图，进行外业核实、实地调查后再对内业修改，完成不动产权属调查工作。以航测及三维数据影像成图（对航测精度不能达到的地方辅以传统全站仪测图）、内业相关图件为工作底图，以村（寨）为单位，用几种不同的方法进行测绘与调查，并分析这几种方法的优缺点。同时，对项目实施的成本、精度、效率等进行分析和研究，探索性地给出了如何因地制宜地选择各种方法高效开展农村宅基地房地一体权籍调查工作。

本书主要内容包括：

（1）阐述了我国农村宅基地房地一体权籍调查现状、相关理论和技术，分析了测绘技术在农村宅基地房地一体权籍调查中的作用及应用情况。

（2）通过都匀市农村宅基地房地一体确权登记发证项目实践，深入分析了几种典型测绘技术在农村不动产权籍调查中的优劣及适用性。

（3）提出倾斜摄影测量三维建模技术和GPS-RTK、实地勘丈等传统地面技术相协同的农村房地一体不动产权籍调查组合技术思路及方案。该方案需根据作业环境及条件，因地制宜，灵活选择具体协同或组合技术。

1.3.2 本书特色

本书除对传统测绘技术进行介绍外，还对当前房地一体项目所涉及的更新、更高端、更稳定、更可靠的技术进行了全面的阐述，力求使读者在对传统技术有充分了解的基础上，能够了解相关的新技术及其发展动态，尤其是理解新技术是如何完成对传统技术的改造的过程以及是如何替代传统技术、完成数据采集和处理的全部流程。另外，对于探索和实践过的几种权籍调查方法的成本、精度、效率进行了分析，探索性地给出了如何根据不同情况选择不同技术和方法的经验做法。

第二章　农村宅基地和集体建设用地权籍调查概述

2.1 不动产的概念

不动产（Real Property）是指依自然性质或法律规定不可移动的土地、土地定着物、与土地尚未脱离的土地生成物、因自然或者人力添附于土地并且不能分离的其他物，包括物质实体和依托于物质实体上的权益。不动产不一定是实物形态的，如探矿权和采矿权。

不动产的自然特性主要包括：

（1）不可移动性：又称位置固定性，即地理位置固定。

（2）个别性，也称独特性、异质性、独一无二，包括位置差异、利用程度差异、权利差异。

（3）耐久性：又称寿命长久，土地不因使用或放置而损耗、毁灭，且增值。我国土地有使用年限。

（4）数量有限性：又称供给有限，土地总量固定有限，经济供给有弹性。

其社会经济特性主要包括：

（1）价值量大：与一般物品相比，不动产不仅单价高，而且总价大。

（2）用途多样性：也称用途的竞争、转化及并存的可能性，主要指空地所具有的特性。以下土地利用方式从经济角度考虑其优先顺序，依次为：商业、办公、居住、工业、耕地、牧场、放牧地、森林、不毛荒地。

（3）涉及广泛性：又称相互影响，不动产涉及社会诸多方面，容易对外界产生影响。在经济学中称为外部性，分为正的外部性和负的外部性。

（4）权益受限性：由涉及广泛性引起。政府主要通过设置管制权、征收权、征税权和充公权四种特权进行管理。

（5）难以变现性：也称为变现力弱、流动性差，主要由价值高、不可移动、易受限制性等造成。影响变现的因素主要有不动产的通用性、独立使用性、价值量、可分割性、开发程度及区位市场状况等。

（6）保值增值性：增值指不动产由于面积不能增加、交通等基础设施不断完善、人口增加等，其价值随着时间的推移而增加。保值是指不动产能抵御通货膨胀。

2.2 不动产登记制度

不动产统一登记制度是 2013 年 3 月 10 日，时任国务委员兼国务院秘书长马凯在作国务院机构改革和职能转变方案说明时提出的。建立不动产统一登记制度，可以更好地落实《中华人民共和国物权法》（以下称《物权法》），保障不动产交易安全，有效保护不动产权利人的合法财产权。建立以公民身份证号码和组织机构代码为基础的统一社会信用代码等制度，从制度上加强和创新社会管理，并为预防和惩治腐败夯实基础。2013 年 11 月 20 日召开的国务院常务会议决定，整合不动产登记职责，建立不动产统一登记制度。由国土资源部负责指导监督全国土地、房屋、草原、林地、海域等不动产统一登记职责，基本做到登记机构、登记簿册、登记依据和信息平台“四统一”。

《不动产登记暂行条例》（以下称《暂行条例》）由国务院于 2014 年 11 月 24 日发布，自 2015 年 3 月 1 日起施行，并于 2019 年 3 月进行了第一次修订。此条例是为整合不动产登记职责、规范登记行为、方便群众申请登记、保护权利人合法权益的专门条例，是根据《物权法》等法律制定的。不动产条例办理登记项目包括：集体土地所有权；房屋等建筑物、构筑物所有权；森林、林木所有权；耕地、林地、草地等土地承包经营权；建设用地使用权；宅基地使用权；海域使用权；地役权；抵押权；法律规定需要登记的其他不动产权利。

《暂行条例》的出台，对贯彻落实《物权法》、推进不动产统一登记制度的实施具有十分重要的指导意义。落实不动产统一登记制度，核心是必须实现登记机构、登记簿册、登记依据和信息平台的“四统一”。《暂行条例》简洁明了，重点突出。紧紧围绕上述“四统一”进行制度创建，为不动产统一登记提供了法律上的指引和保障，对下一步各地具体实施不动产统一登记制度提出了规范要求。《暂行条例》的重要意义如下：

1. 明确了不动产统一登记的前提是登记依据的统一

不动产统一登记的前提是登记依据的统一。不动产登记依据的统一至少有两个层次：一是在物权实体法层面上的统一，二是在物权登记程序上的统一。我们不能想象，土地、房屋、林地、草地、海域等各种不动产在登记时适用各种不同的规则。《暂行条例》在程序方面做了统一规定。从规定可以看出，《暂行条例》借鉴吸收了现行土地登记、房屋登记的成熟做法，在此基础上进行提炼和总结。《暂行条例》是不动产登记最重要的依据，为下一步实际开展登记工作制定了重要规矩。但《暂行条例》的颁布，并不意味着不动产登记程序统一的完成。不动产登记程序十分复杂，亟须国土资源部根据《暂行条例》第二十九条的规定会同有关部门制定实施细则进行具体化。一些技术细节，更是需要通过登记规程等规范性文件予以明确。

2. 明确了不动产统一登记应首先统一登记机构

不动产登记的具体落实靠机构。现实情况是，不同的不动产分散在不同的部门进行登记。因此，要落实不动产统一登记制度，登记机构的统一是关键。不动产登记立法的细化、登记簿册的统一和统一的信息平台的建立，都离不开一个强有力的、覆盖全国的统一的登记机构。《暂行条例》紧紧抓住了机构统一的“牛鼻子”，明确将机构统一写入条例中。《暂行条例》第五条明确国土资源部负责指导、监督全国不动产登记工作，在国家层面上确定了不动产统一登记的指导和监督机关。同时，《暂行条例》要求县级以上地方人民政府确定一个部门负责本行政区域的不动产登记工作，并接受上级不动产登记主管部门的指导和监督，从基层层面落实了具体的不动产登记机构实行统一归口。这一规定抓住“两头”，对创建不动产登记机构体系、理顺不动产管理和登记职责具有十分重要的意义。

国家层面机构的设立，为不动产统一登记的实施提供了有力的机构保障。在地方层面，许多地方已经设立或正在筹建统一的登记机构。相关工作也在开展。

笔者认为，要落实《暂行条例》，地方必须根据条例的规定，加快开展职能整合工作，在市县级层面明确一个机构从事不动产登记工作。

需要强调的一点是，地籍管理与权属登记关系密切。在大多数国家和地区，地籍管理与权属登记在同一个部门，地籍管理局与不动产登记局合署办公，较好地解决了地籍管理与权属登记的衔接问题。地方整合不动产登记机构时，也应该注意这一问题。

3. 明确了不动产统一登记应当具有统一的登记簿册

登记簿是不动产物权归属和内容的根据。登记簿册是实现“四统一”的一个重要抓手。登记簿的统一，既是统一登记的应有之义，又是统一的信息平台建设的基础。《暂行条例》改变了现实生活中各部门分设登记簿的状况，《暂行条例》第八条对登记簿册的统一设立做了明确规定，同时对登记簿应当记载的事项进行了明确，从法规制度层面上实现了登记簿册的统一。

在设计统一的登记簿册时，要注意各种不动产权利登记的衔接，把土地权利的登记作为土地上的其他不动产登记的基础，把所有权、基础用益物权的登记作为其他用益物权和担保物权登记的基础。

特别需要强调的一点是，登记簿册的设计既要考虑纸质填写的需要，更要为登记簿的电子化、数据化处理创造条件。

4. 明确了不动产统一登记应当建立统一的信息平台

统一的信息平台主要有两方面的作用：一是为不动产登记机关依法登记提供信息支持，为不动产登记查询提供便利，从而为不动产交易（包括融资担保）及更有效率的利用提供保障；二是通过对登记信息的整合，为不动产登记资料查询、不动产（土地、房屋和其他自然资源）管理等提供信息支持，为宏观调控和其他社会治理提供数据支撑。《暂行条例》设专章（第四章）对登记信息共享与保护做了规定。

《暂行条例》要求不动产登记有关信息与住房城乡建设、农业、林业、海洋等部门审批、交易等信息实时互通共享（第二十四条第一款），并明确不动产登记机构能够通过互通共享取得的信息，不得要求不动产登记申请人重复提交（第二十四条第二款），既方便了当事人，又为登记机关依法登记提供了信息支持，有利于登记机关提高登记效率和准确性。《暂行条例》第二十三条第一款按照《物权法》的规定，明确了权利人、利害关系人依法查询、复制不动产登记资料的权利，正是物权公示的应有之义，为不动产交易的安全提供了保障。

《暂行条例》要求国务院国土资源主管部门会同有关部门建立统一的不动产登记信息管理基础平台，确保国家、省、市、县四级登记信息的实时共享（第二十三条）；国土资源、公安、民政、税务、工商、金融、审计、统计等部门加强不动产登记有关信息互通共享（第二十五条）。这种信息的纵（国家、省、市、县四级登记信息的共享）横（各部门间）共享将极大地促进政府相关调控和管理的科学性、及时性。《暂行条例》第二十七条第二款规定有关国家机关可以依照法律、行政法规的规定查询、复制与调查处理事项有关的不动产登记资料，为有关部门对不动产登记资料的使用创造了条件。

相信随着统一信息平台的建立，我国的不动产物权登记公示的效率以及政府管理土地、房屋及其他自然资源的科学性将大大提高。

2.3 权籍调查的概念及内容

权籍调查是以宗地、宗海为单位，查清宗地、宗海及其房屋、林木等定着物组成的不动产单元状况，包括宗地信息、宗海信息、房屋（建、构筑物）信息、森林和林木信息等。农村宅基地与集体建设用地权籍调查的内容主要包括宗地信息与房屋等构（建）筑物信息。不动产权籍调查主要内容如下：

（1）宗地信息。查清宗地的权利人、权利类型、权利性质、土地用途、四至、面积等土地状况。针对土地承包经营权宗地和农用地的其他使用权宗地，还应查清承包地块的发包方、地力等级、是否划定为基本农田、水域滩涂类型、养殖业方式、适宜载畜量、草原质量等内容。

（2）宗海信息。查清宗海的权利人、项目名称、项目性质、等级、用海类型、用海方式、使用金总额、使用金标准依据、使用金缴纳情况、使用期限、共有情况、面积、构（建）筑物基本信息等内容。

（3）房屋等构（建）筑物信息。查清房屋权利人、坐落、项目名称、房屋性质、构（建）筑物类型、共有情况、用途、规划用途、幢号、户号、总套数、总层数、所在层次、建筑结构、建成年份、建筑面积、专有建筑面积、分摊建筑面积等内容。针对宗地内的建筑物区分所有权的共有部分，还应查清其权利人、构（建）筑物名称、构（建）筑物数量或者面积、分摊土地面积等。

（4）森林、林木信息。查清森林与林木的权利人、坐落、造林年度、小地名、林班、小班、面积、起源、主要树种、株数、林种、共有情况等内容。

2.4 权籍调查工作的一般流程

权籍调查工作的一般流程如图 2-1 所示。

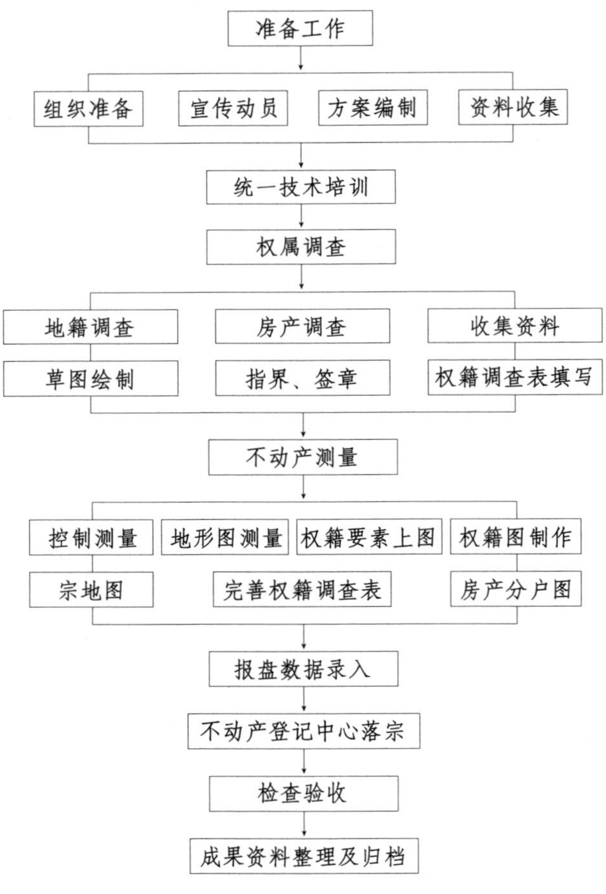

图 2-1　权籍调查工作的一般流程

2.5 都匀市农村宅基地权籍调查工作流程

都匀市农村宅基地权籍调查工作流程如图 2-2 所示。

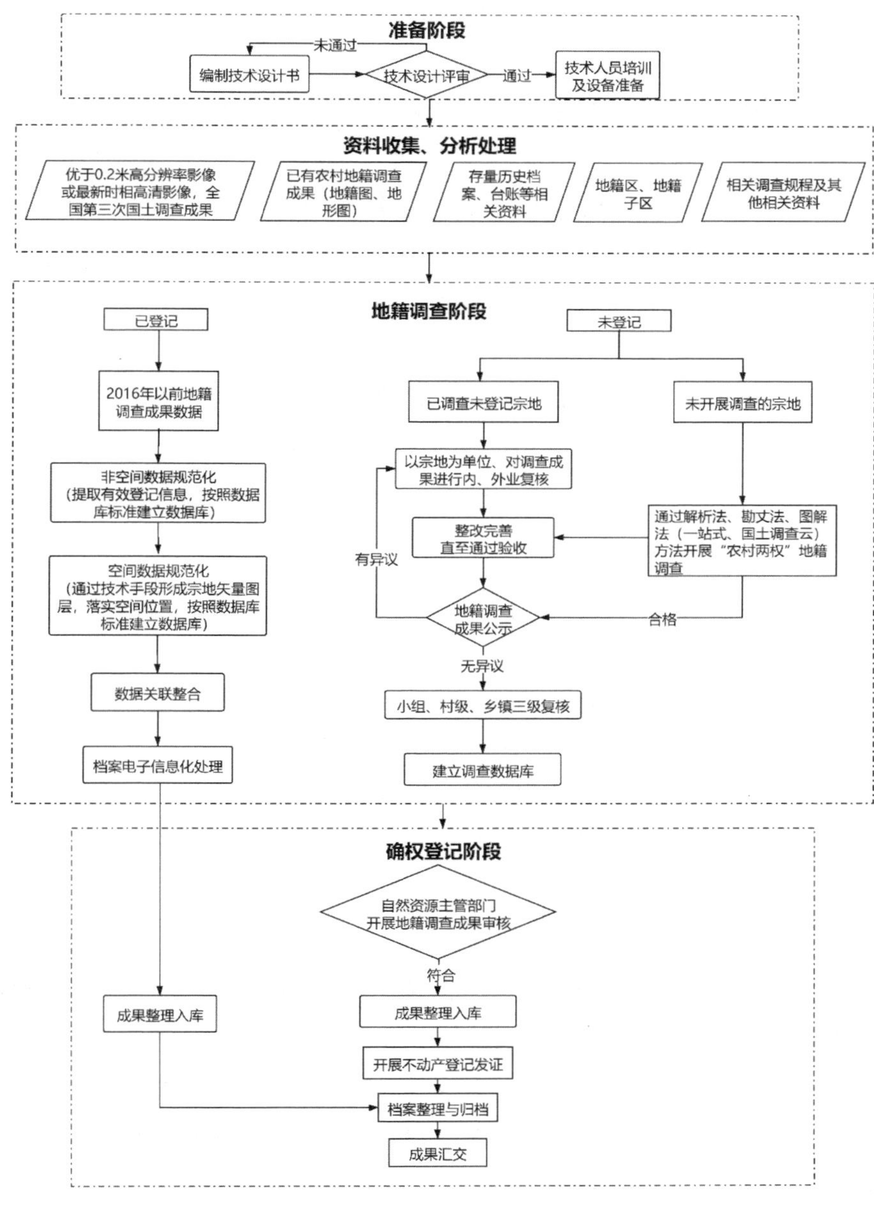

图 2-2　都匀市农村宅基地权籍调查工作流程

第三章　农村宅基地和集体建设用地权籍调查基本内容

根据我国法律规定，权籍调查是指以宗地、宗海为单位，查清宗地、宗海及其房屋、林木等定着物组成的不动产单元状况，包括宗地信息、宗海信息、房屋（建、构筑物）信息、森林和林木信息等。农村不动产权籍调查包括地籍调查和房屋调查。

3.1 地籍调查

地籍调查是指国家为满足土地登记的要求，依照法定程序，通过权属调查和地籍测量的方法，查清每一宗土地的位置、权属、界线、数量、用途和等级等基本情况，并以图、簿表示，为土地登记、核发证书提供依据的调查工作。

3.1.1 权属来源的调查

农村宅基地权属来源是一个复杂的问题，需要全面梳理农村宅基地和集体建设用地使用权已发证的历史档案资料，将档案信息化，并建立档案台账；排查群众持有土地权利证书、登记档案和登记台账遗失的情况，相互补充，建立健全档案和台账；重点清理同一宅基地或集体建设用地多次发放土地权利证书（即“一地多证”）的情况，形成满足登记发证、档案管理、互联网＋不动产登记等需要的档案成果资料。根据贵州省都匀市农村宅基地权属来源情况，权属来源应调查下列内容：

（1）调查非本农民集体经济组织成员，因易地扶贫搬迁、地质灾害防治、新农村建设、移民安置等按照政府统一规划和批准使用宅基地的，在退出原宅基地并注销登记后，依法确定新建房屋占用宅基地使用权的情况。

（2）调查已拥有一处宅基地的本集体经济组织成员、非本农民集体经济组织成员（含城镇居民），因依法继承取得农村宅基地及房屋的情况。

（3）调查由农村户口迁移到城镇的居民（包括华侨、农转非居民，以及因升学、兵役、婚姻、就业、投靠等由原农村户口迁移形成的城镇居民），其原在农村合法取得的宅基地及房屋，经该村民委员会或社区居民委员会出具证明并公告15天无异议的情况。

（4）调查因房屋所有权人依法将房屋转让、赠与给本集体的村民，现房屋使用者符合“一户一宅”政策的情况。

（5）调查符合当地分户建房条件未分户，但未经批准另行建房分开居住的，其新建房屋占用的宅基地符合相关规划，经本农民集体经济组织或村民委员会同意并公告无异议或异议不成立的情况。

（6）调查1987年1月1日《中华人民共和国土地管理法》实施前，没有权属来源证明的宅基地及房屋由村委会出具证明并公告15天无异议的，可依法予以确权登记；1987年1月1日《中华人民共和国土地管理法》实施后，宅基地及房屋具备合法的用地和建房审批手续的或依法补办相关审批手续后的情况。

（7）调查同一宗宅基地上多个房屋属于不同权利人，属于因继承、分家析产等原因，造成房地权利主体不一致，若遗嘱或分家析产协议对宅基地作了明确分割，分割的宅基地经依法认定符合不动产单元划定标准，可分别办理登记；若遗嘱或分家析产协议对宅基地未作明确分割的情况。

（8）调查非本集体经济组织成员因人民法院或者仲裁委员会生效法律文书依法取得宅基地使用权和房屋所有权的情况。

（9）调查法律、行政法规规定的其他可以确权登记的情况。

（10）调查土地权属或房屋权属有争议的情况。

（11）调查土地及房屋违法行为尚未处理或经乡（镇）人民政府、街道办事处认定可以暂缓处理的情况。

（12）调查法律、行政法规规定应当暂缓登记的其他情况。

（13）调查城镇居民非法取得农村宅基地的情况。

（14）调查不能提供合法有效的土地和房屋权属来源材料、身份证明及其他申请材料的或提供申请材料与事实不符的情况。

（15）调查已异地安置或批准新建，需要拆除原宅的情况。

（16）调查原土地、房屋权利已被依法征收、没收或收回，原权利人提出土地、房屋权利登记申请的情况。

（17）调查将原宅基地及房屋出售、赠予、出租给他人，再次使用集体土地建房的情况。

（18）调查法律、行政法规规定的不予登记的情况。

3.1.2 土地权属基本信息调查

宅基地和集体建设用地权属调查应由县（市、区）自然资源主管部门组织，充分发挥乡镇政府、自然资源所、农村集体经济组织、村民自治组织等基层力量，共同配合完成，也可选择专业队伍，聘任农村集体经济组织负责人、村民委员会成员或村民代表参与权属调查。土地权属基本信息调查内容如下：

（1）宗地状况调查：应根据《不动产权籍调查技术方案（试行）》的要求，借助工作底图和权属来源证明材料，结合现场核实，调查每宗地的土地坐落与四至。

（2）宗地权利人状况调查：包括调查核实权利人或实际使用人的姓名或者名称、单位性质、行业代码、组织机构代码、法定代表人（或负责人）姓名及其身份证明、代理人姓名及其身份证明等，属于宅基地的，除了调查记录土地权利人的情况外，还应调查权利人家庭成员情况，复印权利人家庭户口簿等资料。

（3）宗地权属状况调查：调查核实确定土地权属性质、权利类型、权利性质、权利设定方式、使用期限、宗地批准用途和实际用途等，以及宗地是否有抵押权、地役权等他项权利和共有情况。

权利人和宗地界址清楚，四邻无争议，因不符合相关政策不能予以确权登记颁证的，可依实际使用情况记录实际使用人和实际使用范围，在地籍调查表的说明栏中，注明“该权利人为实际使用人，因不符合相关规定暂不予确权登记”，将调查成果录入不动产地籍调查数据库。存在权属争议的，划为争议宗，并填写土地权属争议原由书，待权属争议解决后再进行不动产地籍调查。

3.1.3 界址调查

界址调查是权属调查的核心，也是地籍调查的核心工作。界址调查是指对相邻双方的界址状况进行实地调查，经邻界双方认可，并经各有关部门审核后，作为登记的依据。

1. 现场指界

实地指界前，通过指界通知书、公告、广播、电话、微信、会议等方式通知指界人，确保土地权利人及相邻宗地权利人或双方合法代理人、集体经济组织代表按时到现场指界。指界时，调查员、本宗地及相邻宗地指界人、集体经济组织代表应同时到场，根据指界人指定的界址点，现场设置界标，确认界址点类型、位置。指界后，应及时填写地籍调查表，将实际用地界线和批准用地界线标绘到工作底图上，并在地籍调查表的权属调查记事栏中予以说明。

2. 委托指界

权利人不能到达现场进行直接指界的，可书面或者微信（需有证明材料，如微信截图与书面委托书）委托他人到现场进行指界与签章，在指界与签章过程中做好拍照存档。

3. 违约缺席指界

权利人违约缺席指界的，根据不同情况按下述办法处理：

（1）如一方违约缺席，其宗地界线以另一方和集体经济组织指界代表所指界线确定。

（2）如双方违约缺席，其宗地界线由调查员根据集体经济组织指界代表所指界线确定。

（3）将指界结果以书面形式送达违约缺席者，如有异议必须在15日内提出重新指界申请，并负担重新指界的全部费用；逾期不申请的，确权结果经权籍调查结果公示无异议后自动生效。

（4）指界人在指界后，不在权籍调查表上签字（盖章）的，按违约缺席指界处理。

4. 界址调查方法

按照《地籍调查规程》（TD/T 1001—2012）的要求做好宅基地和集体建设用地权属调查指界，根据本宗地及相邻宗地权利人共同指界认定的界址，实地设置宗地界标并丈量边长和关系距离，确保宗地权属清楚、界址清晰（界址空间相对位置关系准确）。对于有争议的界址，记为争议宗地，并做好记录。界址边长可采用检测合格的钢尺或测距仪实地测（丈）量宗地、房屋的全部界址边长获得，其邻近界址点或明显地物点与本宗界址点的条件距离和相关距离也可以采用全站仪实测或从倾斜三维模型中直接读取（读取时，注意三维模型产品是否可以保证精度）。

5. 指界签章

实地指认的界线界址需由本宗地及相邻宗地指界人在界址签章栏签字认可。

（1）栏目填写：签章栏的栏目数、界址线的起点号和终点号、宗地代码（或其他内容）应与宗地四至的内容一致。

（2）本宗地签章：单位宗地由指界人签字按手印并加盖权利人公章，个人宗地由权利人签字并按手印。

（3）邻宗地签章：邻宗地签章方式与本宗地签章方式一致。共用界址线的，由相邻宗地权利人签章确认；宗地临巷道、空地、河流、滴水等，由宗地所在村（居）民小组的组长代表土地所有权人签章确认。

6. 绘制宗地草图

宗地草图是描述宗地位置、界址点、界址线和相邻宗地关系的现场记录。原则上应当在现场指界、丈量界址边长并绘制宗地草图，采用全野外实测界址点的，在确保相邻关系准确、界址清晰无争议的前提下，可在现场指定界址点并签字后，不丈量界址边长、不绘制宗地草图，直接对指定的界址点和房角点开展地籍测绘，并据此编制宗地图；采用勘丈法结合图解法的，须现场绘制宗地图，并签字确认现状调查成果的准确性和真实性。由于目前基本都已采用数字化制图，故一般都已用宗地图代替了宗地草图。

7. 地籍图绘制

农村不动产地籍图测绘比例尺不小于 1 ： 2000，其需要测绘和表示的内容如下：

（1）主要表示与地籍相关的要素。包括：地籍区界、地籍子区界、界址点、界址线、永久性建（构）筑物、宗地及其编号、土地利用类别等。

（2）界址点均应表示。当两界址点间距在图上小于 2 mm 时，界址点位用 0.5 mm 的圆点表示，大于 2 mm 时，用直径 1 mm 的圆圈表示。当界址点较为密集且图上容纳不下时，可适当取舍界址点编号注记，只注记主要拐点编号，能反映编号顺序即可。

（3）所有宗地均应封闭，分子注记宗地号，分母注记地类编码。宗地号注记后 7 位，如“JCO0001”。

（4）其他要素以不影响使用和保证图面美观为原则适当选取表示，如：控制点、道路、水系、地理名称，在权籍图负载许可情况下可标注门牌号。

（5）在由解析法获取的地籍图上，每宗地不少于一个高程注记点，采用图解法结合勘丈法获取界址点及房角点的可不标注高程点。

（6）地形、地貌、植被要素可不表示。

3.1.4 地籍调查公示

以村（居）民小组为单位，将地籍调查结果在本集体经济组织范围内进行公示，并在村（居）民会议或村（居）民代表会议上说明。对于外出务工人员较多的地区可通过电话、微信、互联网等方式将地籍调查结果告知权利人及利害关系人。公示期不少于 15 日，公示期满无异议的，进行建库归档。地籍调查结果公示信息至少应包括不动产单元号、权利人名称、家庭成员、宗地调查面积、房屋调查建筑面积、房屋建成年代、用途、权属来源认定结果等，并须同步张贴权籍图以公示宗地间的相对位置关系。

3.2 房屋调查

3.2.1 房屋权属状况调查

（1）房屋权属来源调查：应依据房屋产权人提供的房屋建设批准手续、符合规划材料等，以及房屋买卖、互换、赠与、受遗赠、继承、自建、翻建、析产等其他房屋产权证明，记录产权人，并将产权证明复印或拍照留存。产权共有或存在争议的，记录共有或争议情况。

（2）房屋状况调查：宅基地范围内的房屋，调查主要建筑物的建筑结构、层数、墙体归属、建成年份等。主要建筑物指具有上述合法权属来源材料、主要用于居住的房屋。附属设施如仓库、圈舍、门房等不用作权属界线但为永久建筑结构的，可在不动产地籍调查表中简要记录其相关信息，说明其位置、用途、数量等。集体建设用地范围内的所有房屋等建（构）筑物，按《不动产权籍调查技术方案（试行）》相关规定调查。

（3）房屋性质：包括市场化商品房、动迁房、配套商品房、公共租赁住房、廉租房、限价普通商品住房、经济适用住房、定销商品房、集资建房、福利房、保障性住房、房改房、自建房、其他。

（4）房屋权属登记情况。若房屋原已办理过房屋所有权登记的，在调查表中注明房屋所有权证编号。

3.2.2 房屋权属界线调查

独立成幢的房屋等建筑物、构筑物与宅基地使用权为同一权利人的，无须开展房屋权属界线调查，只需测量房角点、丈量房屋边长并标绘在宗地草图上。

建筑物为共有的，如新型农村社区或搬迁上楼等，有户型图的，经核实与实地一致的，按户型图确定房屋权属界线。无户型图或户型图经核实与实地不一致的，须在房屋所有权人指界下，区分自有墙、共有墙或借墙，以墙体所有权范围为界，确认界址类型、位置，测量界址点和房屋边长，标注在房屋权界线示意图上，并填写房屋调查表。对于有争议的房屋权属界线，做好相应的记录。

3.2.3 房产图绘制

结合农村房屋实际情况，一般绘制A4大小图幅，比例尺在1 ∶ 200至1 ∶ 500之间，图面内容应有宗地代码、结构、幢号、户号、总层数、总建筑面积、房屋的坐落及各层平面图。

第四章　测绘技术在农村不动产权籍调查中的应用

根据《不动产权籍调查技术方案（试行）》、《地籍调查规程》（TD/T 1001—2012）、《贵州省宅基地和集体建设用地地籍调查技术规程》等相关规程规范的要求，农村宅基地权籍调查可采用全野外解析法、二维图解 + 勘丈法、三维图解 + 勘丈法、“国土调查云”调查法等方法。

本章以贵州省黔南布依族苗族自治州（以下称黔南州）都匀市绿茵湖街道办事处邦水村四至七组作为研究区，阐述农村不动产权籍调查技术及相关过程。研究区域距都匀市区 15 千米，总面积约 0.29 平方千米，共计 427 户，房屋多以混结构 2~3 层为主，房屋密度较为适中，平均海拔约 870 米，测区内高差约 20 米。在贵州农村宅基地中比较有代表性，适合作农村宅基地权籍调查方法研究。研究区现状如图 4-1 所示。

图 4-1　研究区现状图

4.1 全野外解析法

全野外解析法是传统的方法，即宗地采用 GPS-RTK 结合全站仪的实地测量方法，房产采用测距仪、钢尺进行测量。下面详细叙述其技术流程与技术要点，结合研究区的实践做相关分析。

4.1.1 全野外解析法关键技术分析

以解析法成图、内业通过相关软件（如《南方 CASS》软件）成图的图件为工作底图，以村为单位，按 1 ： 500 的比例尺测绘地形图并绘制权籍图，完成不动产测量工作。

不动产测量包括控制测量、界址点测量、不动产权籍图测绘和面积量算等。具体要求如下：

1. 数学基础

平面坐标系统采用 2000 国家大地坐标系（CGCS2000），如果采用其他坐标系，应将其转换到 CGCS2000。高程系统采用“1985 国家高程基准”。

2. 控制测量

GPS-RTK 结合 CORS（Continuous Operational Reference System，连续运行参考站系统）网使用，精度能满足相关规范规程要求，故不需要做控制测量，用校核准确的 RTK（千寻账号）作为图根点即可。

3. 宗地界址点测量

用 GPS-RTK 做图根点测量，再用全站仪实测宗地（图 4-2）。即利用测量仪器实地获取宗地界址点精确坐标，绘制权籍图，提取宗地面积等要素信息。

图 4-2　宗地测量

4. 房屋测量

（1）对于已颁发房屋产权证的，经核实权利人未发生变化、房屋未进行翻改建的，只需将房屋登记的相关信息与宗地权籍调查成果一并录入不动产权籍调查数据库中，无须重新开展测量。

（2）新型农村社区或搬迁上楼等高层多户的，已有户型图经核实无变化的，通过户型图获取房屋内部边长，没有户型图的须实地测量。

（3）房屋测量可结合实际需求，选用解析法结合钢尺丈量房屋边长。如图 4-3 所示。

图 4-3　房屋测量

（4）无法丈量房屋边长的，应丈量至少两条房角点与界址点或房角点与相邻近地物的相关距离，便于间接解算房屋边长和房屋面积。

5. 不动产权籍图测绘

农村不动产权籍图包括地籍图、不动产单元图等。其中不动产单元图主要包括宗地图和房产分户图等。地籍图测绘和宗地图编制按《地籍调查规程》（TD/T 1001—2012）5.3.3 的规定进行。房产分户图是在地籍图、宗地图的基础上，以不动产单元为单位绘制的细部图，绘制要求和内容参照《房产测量规范》（GB/T 17986.1—2000）7.3 的规定。

4.1.2 全野外解析法作业流程

根据国家、贵州省不动产登记工作的相关规程、规范，全野外解析法作业流程如图 4-4 所示。

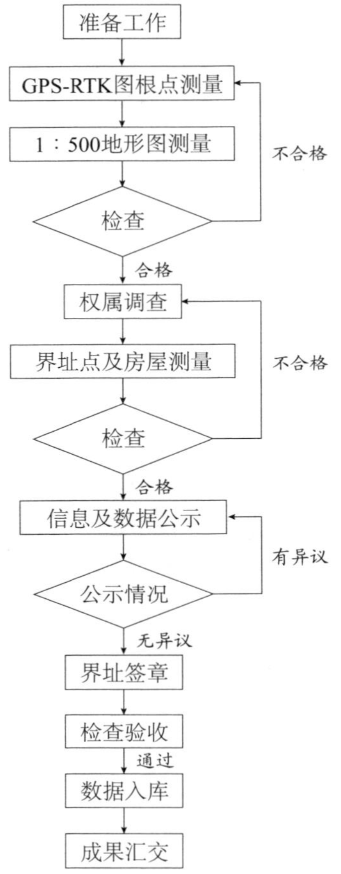

图 4-4　全野外解析法工作流程

4.1.3 全野外解析法实例操作

在项目实施前先编写项目的技术设计书并送业主单位审批，主要编写内容包括：项目区概况、已有资料的收集及分析、作业的依据及规范、技术路线及主要技术指标、具体设计方案（人员、硬软件的投入、技术流程、调查方法、调查程序、准备工作、权属调查、不动产测量、数据报盘等内容）、质量检查与验收、成果资料整理与归档。不管采用哪种调查方法，都要编写技术设计书，并送业主单位审批，取得业主单位同意后方可进场实施。

下面对研究区采用传统的解析法进行实例阐述。

（1）控制测量。在调查区使用千寻星耀（网络 RTK）校核附近 3 个控制点，经检查精度满足要求后，用三脚架架设 RTK，采用快速静态模式。在研究区 100~200 米远的相互通视的位置布设图根控制点，本研究区一共设了 22 个图根控制点。如图 4-5 所示。

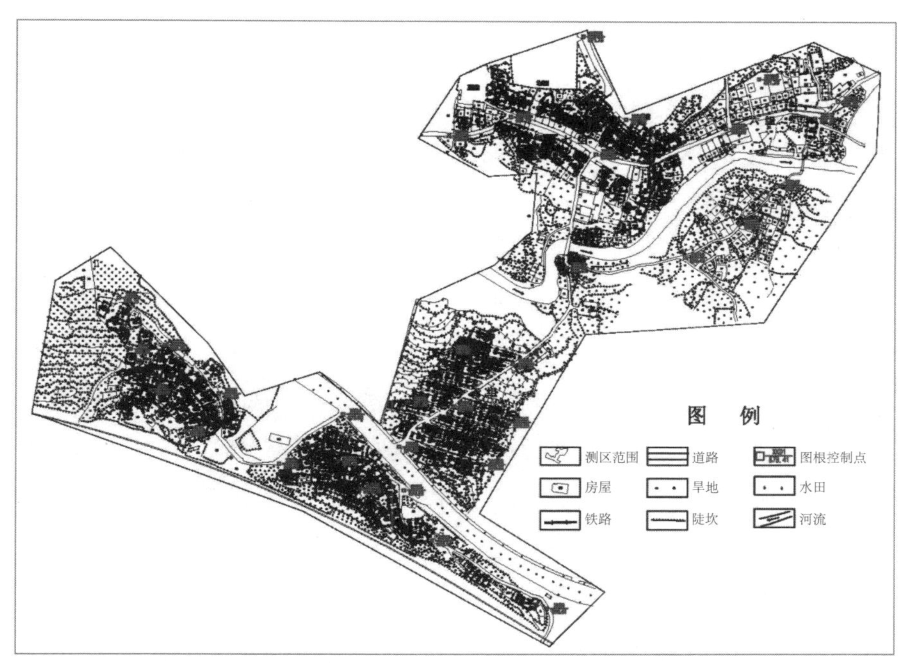

图 4-5 图根控制点点位分布图

（2）使用全站仪，首先测绘 1 ： 500 地形图，同步开展权属调查、房屋测量与宗地草图绘制。

（3）地形测绘及调查。根据测绘的 1 ： 500 地形图加上外业调查的宗地信息及草图，使用《南方 CASS》软件绘制地籍图，如图 4-6 所示。注意绘制时一定要将属性准确录入，如结构、层数、阳台、建成年份、权利人、共有情况、用途、产别、地籍子区、宗地代码等信息，保证软件自动生成的房产图与宗地图正确无误。

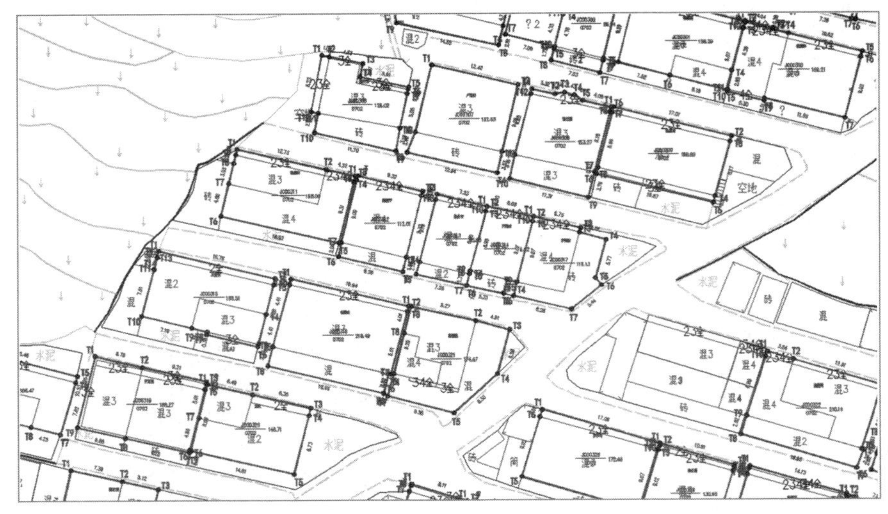

图 4-6　地籍图

（4）信息公示。根据测绘与调查的信息，利用专业软件（如《南方 CASS》）制作公示图表，如图 4-7 所示。将公示图表张贴在村组明显区域，并大力宣传，使所有村民关注到公示信息。一般公示期为 15 天，公示无异议后进行界址签章。

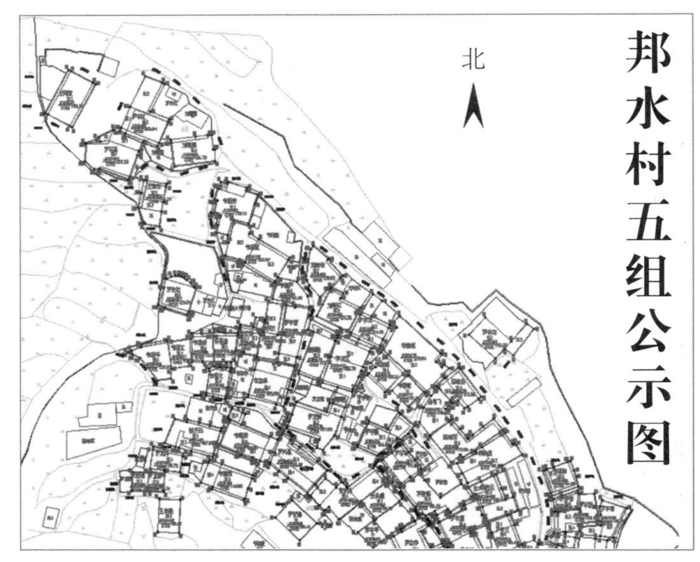

图 4-7　公示图

（5）界址签章。在进行界址签章时，同步完成不动产登记申请书（附录1）、测绘及调查成果签字确认告知书（附录2）、公示无异议声明书（附录3）、指界通知书（附录4）、界址签章表（附录5）的签字盖章手续，避免二次找老百姓签字与按手印。现场签章可以自然寨为单位，在村组长家集中老百姓排队进行，这样可以提高工作效率。如图4-8所示。

图4-8　现场签章

（6）检查验收。

提交甲方检查验收的产品首先要实行三级检查，即：作业小组自检互检、测区（院级）专职检查、队级技术质检部检查。

①检查的内容：提交的各种观测记录、计算资料、成果表及图件，计算机内的数据文件、图形文件、格式、图层以及点、线、面状要素等。

②检查的比例：小组自检互检，对内、外业进行100%的自检互检。院级专职检查，对内业进行100%的检查，对外业进行60%的巡视检查、30%的量边和设站检查。队级技术质检部检查，控制成果和电子数据成果在室内进行100%的检查，对外业进行50%的巡视检查、30%的量边和设站检查。

注意：第一，在进行各级检查时，要严格按照ISO质量管理体系的标准执行，做好相应的检查记录，并及时把不符合质量要求的成果退回作业人员处理，直至合格为止。第二，经队级技术质检部检查后的成果，都要按照《测绘产品质量评定标准》（CH 1003—1995）评定质量。第三，各级检查员必须踏踏实实地进行检查，对所检查的内容进行记录并亲笔签名。第四，全部资料经队各级检查、修改后，编写自检报告，向甲方提交检查验收申请。

一般由业主单位组织省级专家对成果进行验收，确保农村房屋不动产登记的成果质量，同时请县农业、住建等部门的相关人员参与验收。

（7）数据入库。成果验收合格后，按照《贵州省农村宅基地与集体建设用地入库质检规范》中的要求，将数据建库入贵州省不动产权籍调查数据库，符合发证的转入登记库。关于数据入库，将在本书的第六章进行详细讲解。

（8）成果汇交与资料归档。此内容在本书的第七章有详细讲解，这里不再赘述。

4.2 二维图解+勘丈法

4.2.1 二维图解+勘丈法关键技术分析

二维图解＋勘丈法是利用平板电脑安装专业软件（如《BDMap 农村不动产》软件）加载正射影像图，通过 RTK 测量房角结合正射图，实量房屋边长，同步绘制宗地图与房屋分户图，收集身份证、权属等资料，开展权属调查，录入相关信息，经过整饰、数据的内业处理和质检，输出成果。

该方法充分利用影像，结合房屋边长勘丈，实现了测量与调查的高效集成，提高了工作效率。该方法在国家、省农村宅基地及集体建设用地籍调查技术规程中均有相关精度规定，在满足界址点精度指标、技术设计书通过业主方的审批的情况下，可以大大地提高工作效率，节省人力、物力，节约成本。

4.2.2 二维图解+勘丈法作业流程

二维图解＋勘丈法作业流程如图 4-9 所示。

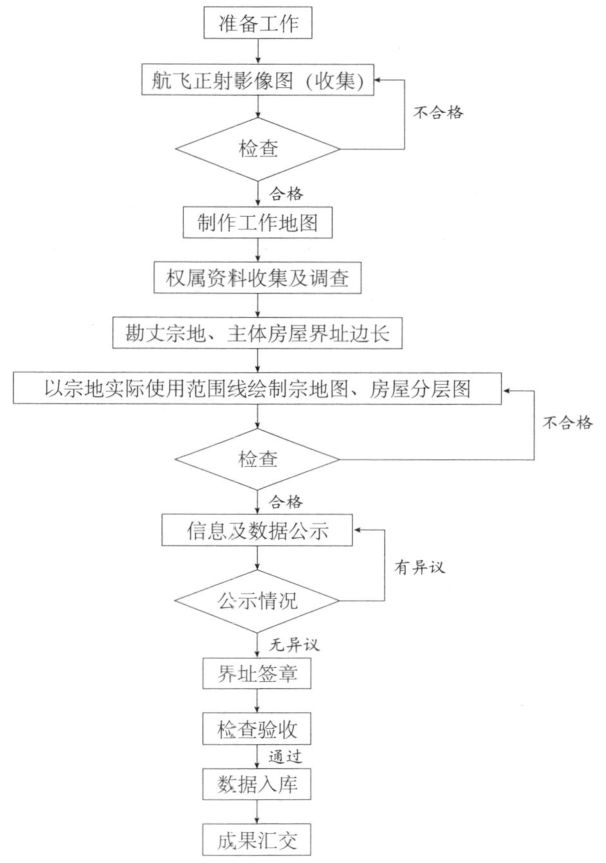

图 4-9　二维图解 + 勘丈法作业流程

4.2.3 二维图解+勘丈法实例操作

本节以《BDMap 农村不动产》软件为例，阐述该软件在宅基地和集体建设用地确权登记中的操作。使用《BDMap 农村不动产》软件进行宅基地和集体建设用地确权登记时，主要运用该软件的移动端、桌面端、建库端三个部分。移动端用于外业工作，主要工作为：房屋测绘、房屋照片拍摄、农户信息收集等。桌面端用于内业工作，主要工作为：房屋位置校正、地形地物绘制、拓扑检查、一户一档成果输出等。建库端用于数据库建设工作，主要工作为：建库、扫描资料整理等。

1.《BDMap 农村不动产》软件移动端操作流程

《BDMap 农村不动产》软件移动端一般使用平板电脑操作，操作界面如图 4-10 所示。

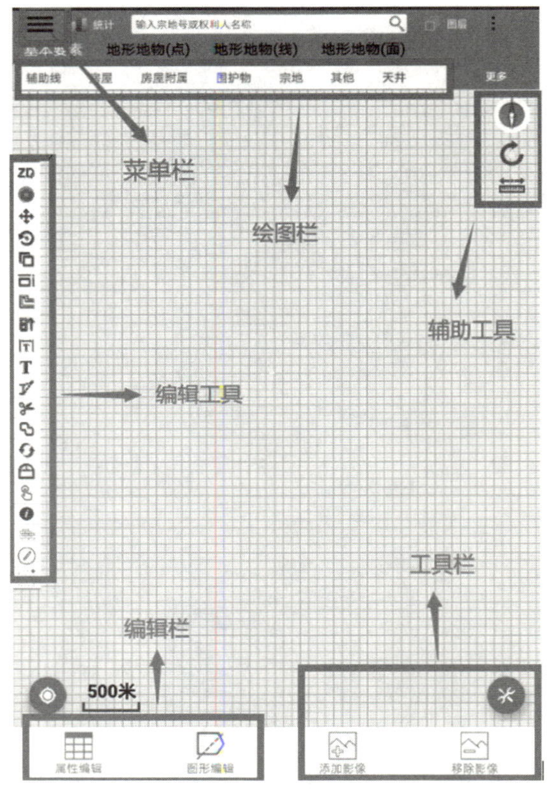

图 4-10 《BDMap 农村不动产》软件移动端操作界面

（1）新建项目。点击“菜单栏”→“项目管理”→“新建项目”，如图 4-11 所示，输入项目名称，建议以时间 + 村名 + 调查员姓名”的格式命名，然后选择坐标系，点击“底图图层”右侧的✚图标，加载影像（图 4-12），最后点击右上角的✔图标确定。

图 4-11　新建项目

图 4-12　导入影像后界面

（2）辅助操作。点击辅助功能栏的第二、第三个图标，显示节点和边长。

（3）文字注记（备注信息）。进行数字备注，点击底端的“图形编辑”图标，选择左 A9，点击文字出现位置，点击确定文字方向，输入测得数据（若是输入文字牵扯加法运算，软件会自动算出结果）后点击“确定”。进行文本备注，点击底端的“图形编辑”图标，选择左A10，点击文字出现位置，点击确定文字方向，输入备注文字（点击框内下方加号，添加常用备注信息）后点击“确定”。

（4）绘制房屋。点击底端的“图形编辑”图标，在其上方选择辅助线，参照影像图，选择起始点，然后输入矢量距离（需要作业员确定方向和距离数据），选择房屋，根据辅助线绘制房屋，在界面左下方点击保存，输入房屋信息（幢号可在桌面端统一维护，此处重点确认房屋结构、层数、竣工日期等信息），点击“确定”，绘制完成。

（5）绘制附属。点击底端的“图形编辑”图标，在其上方选择辅助线，选择起始点，输入矢量距离（需要作业员确定方向），选择房屋附属。根据辅助线绘制房屋附属，在界面左下方点击保存，设置附属信息（若同一位置一、二层辅助不一致，则点击右下方加号新增），点击“确定”，绘制完成。

（6）添加宗地点。选择左A1（增加宗地点），点击房屋范围内的一点，添加基本属性，录入权利人信息（身份证、户口本等资料，在其与背景色差区别明显时，可自动框选，此时精度较高，若识别度不够时需手动框选。除邮编信息外，其他信息均需要当场确认）。点击“家庭成员”对话框，录入家庭成员信息后点击确定，然后进行资料拍摄，完成资料拍摄后点击确定，最后进行签字确认。

（7）绘制宗地：点击底端的“图形编辑”图标，在其上方选择宗地，沿着房屋点击宗地点（不要漏点，避免出现宗地房屋缝隙），然后点击左下角保存，输入宗地信息后点击“确定”（该提示框信息可在桌面端统一维护）。

（8）房屋照片拍摄。如图4-13所示，点击左侧编辑工具中的宗地点拍照图标，然后点击添加完成的宗地点，按照从入户门开始，从前到后、从左到右的顺序，对房屋进行拍摄。

图 4-13　房屋照片拍摄界面

（9）绘制全貌宗地线。点击“地形地物”→“全貌宗地线”，点击已添加完成的宗地点，绘制全貌宗地（将该户实际使用范围绘制到全貌宗地内）。

（10）导出数据。点击“菜单栏”→“数据管理”→“本地导出”，设置起始日期和结束日期，然后点击“确定”。如图 4-14 所示。

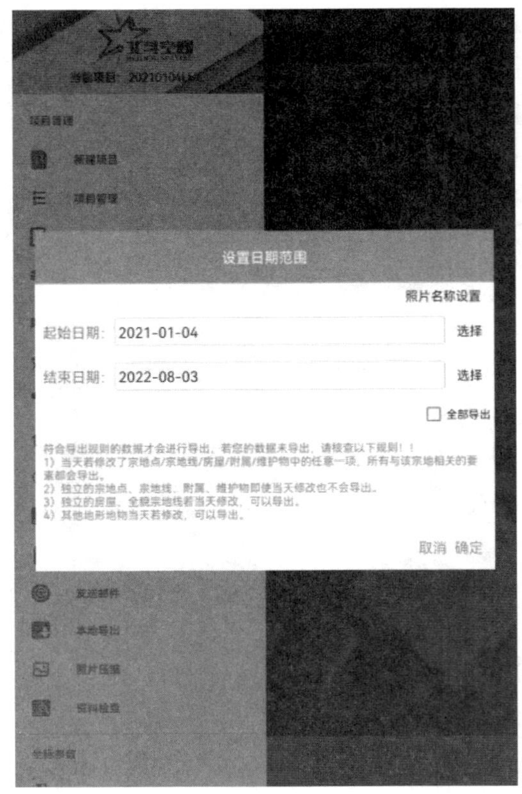

图 4-14　数据导出界面

2.《BDMap 农村不动产》软件桌面端操作流程

（1）导入数据。新建工程文件夹，然后将移动端导出的数据存到工程文件夹的原始数据中。建议将当天工作的新建项目文件夹内容全部导出，可在电脑上备份文件。

在新建工程文件夹后，后续的操作会将该文件夹作为默认存储路径，包括：①处理的图形文件；②后期建库所需电子档案、公用文件、使用权资料；③输出的图表和 PDF 文件；④导出的质检 SHP 文件，导出的北斗 SHP 文件；⑤建库端所建立的数据库；⑥最终压缩为 ZIP 格式的向登记平台提交的文件；⑦宗地属性表、房屋属性表；⑧移动端质检端导出数据；⑨建库端图形检查错误结果。如图 4-15 所示。

01dwg	2020/3/17 16:45	文件夹
02电子档案	2020/3/6 17:28	文件夹
03图表成果	2020/3/6 17:28	文件夹
04SHP	2020/3/6 17:28	文件夹
05MDB	2020/3/6 17:28	文件夹
06登记发证成果包	2020/3/6 17:28	文件夹
07过程数据	2020/3/6 17:28	文件夹
08原始数据	2020/3/6 17:28	文件夹
09过程检查	2020/3/6 17:28	文件夹

图 4-15　导入数据资料界面

（2）导入转换数据。插入硬件加密锁，点击鼠标右键，选择“以管理员身份运行”，如图 4-16 所示，点击菜单栏中的“农村不动产”，在弹出的菜单栏中选择“导入北斗移动端调绘数据”，然后选择导出文件中的“加密导出 XXXX”并点击“确定”，在弹出“是否导入‘XXXX’”时点击“是”，然后点击“转换北斗移动端调绘数据”，转换成功后界面底端会出现相应的显示。

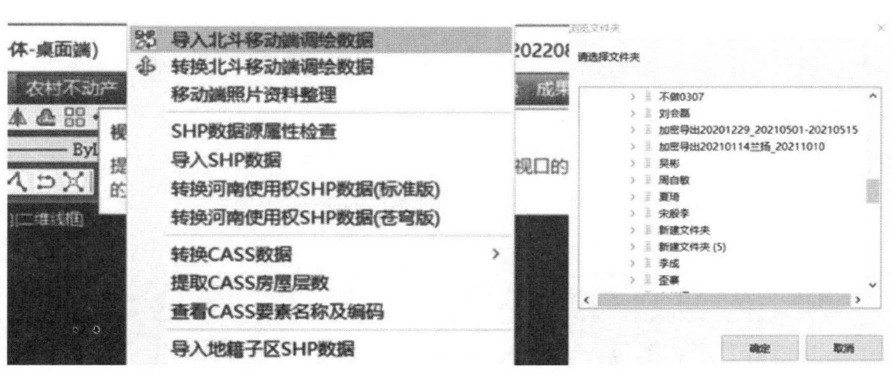

图 4-16　数据转换界面

（3）房屋位置校正。点击菜单栏中的“数据处理”，在弹出的菜单栏中选择“坐标数据文件管理”，然后点击“打开文件”，找到坐标文件所在位置，点击“N，E 互换”，再点击“展平面点”，进行房屋校正。如图 4-17 所示。

图 4-17　房屋位置校正坐标界面

（4）新建工程文件夹。点击“文件”→“新建工程文件夹”→“修改权属单位名称”，仅填写代码对应子地区，然后选择工程文件夹存放路径，创建工程文件夹。

（5）数据维护。如图 4-18 所示，点击“数据质检”→“要素压盖检查”→“同层要素图形重复检查”，输入“2”，进行全图检查，在提示“是否删除重复面”时点击“是”(当数据无错误时，没有该提示)。点击右侧的“绘图编辑”→“宗地属性提取”，输入“2”，对全图提取宗地属性。

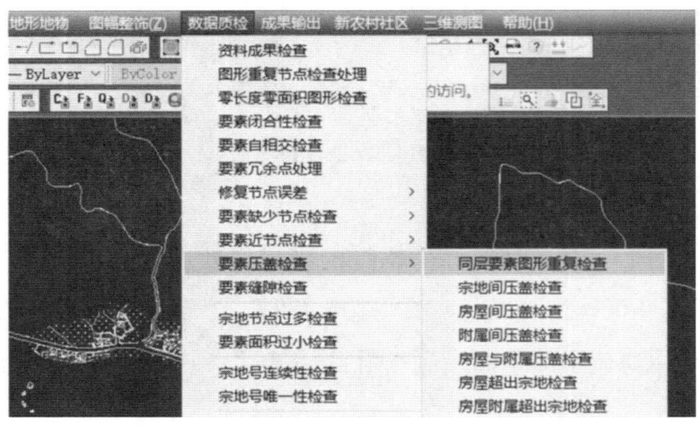

图 4-18　数据质检界面

（6）照片整理。点击“农村不动产”→“移动端照片资料整理”→“整理”，如图 4-19 所示。

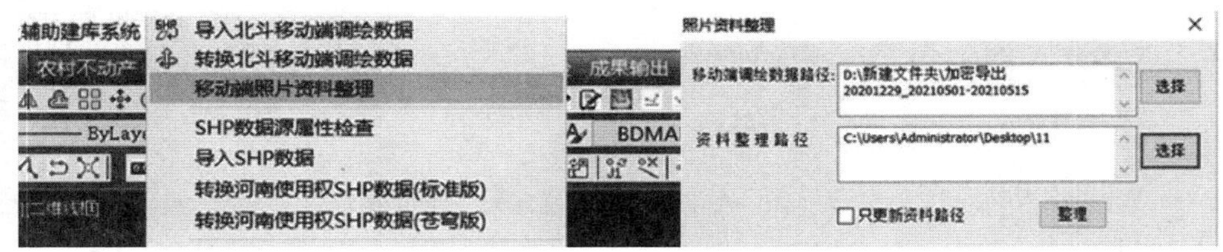

图 4-19　照片整理界面

（7）资料查看。点击右侧的“绘图编辑”→“查看拍照点照片”，点击图上红色小相机查看单个照片。如图 4-20 所示，点击右侧的“绘图编辑”→“资料查看”，框选宗地，按回车键显示宗地所有拍摄资料。

图 4-20　资料查看界面

（8）幢号、阳台归属。点击“农村不动产”→“全图定义幢号”。点击“农村不动产”→“维护阳台归属”，如图 4-21 所示。

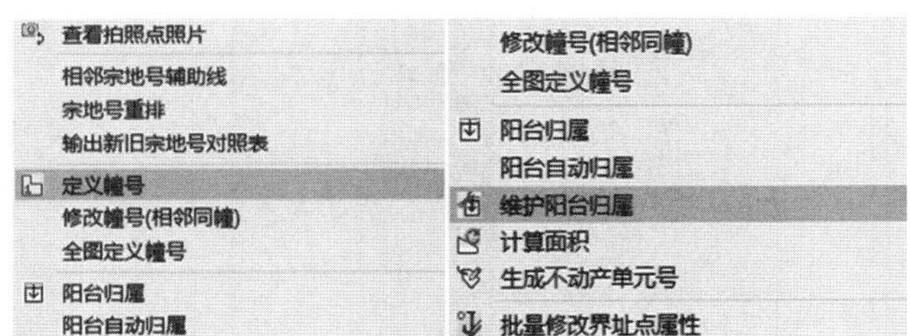

图 4-21　幢号、阳台归属界面

（9）手动修改。结合查看照片功能进行逐一检查，定义幢号，按照入户门开始，从左到右、从前到后的顺序检查修正。阳台归属同理，进行正确归属。单独修改可进行以下操作（图 4-22）：点击右侧“属性编辑”→“定义幢号”，点击右侧“属性

图 4-22　幢号阳台归属修改界面

编辑”→“阳台归属”。

（10）面积计算和宗地属性提取。点击右侧的“属性编辑”→“面积计算”，输入“2”，进行全图面积计算。点击右侧的“绘图编辑”→“宗地属性提取”，输入“2”，对全图提取宗地属性。如图 4-23 所示。

图 4-23　面积计算及宗地属性提取界面

（11）拓扑检查。点击“显示”→“显示集成面板”，勾选要检查的项目，进行图形检查。如图 4-24 所示。

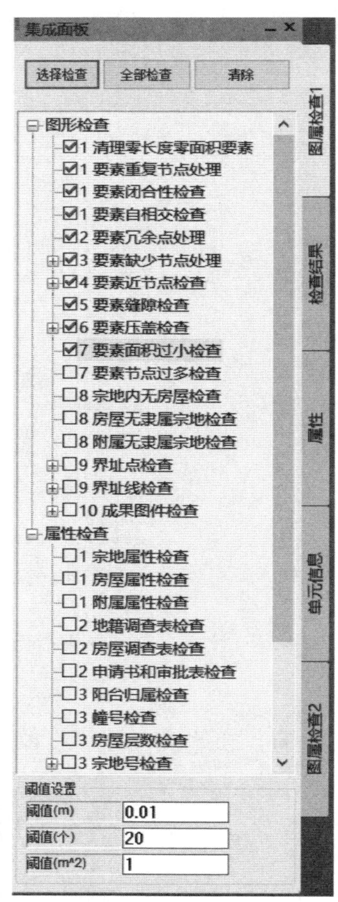

图 4-24　拓扑检查界面

（12）修改两表。点击“农村不动产”→“更新图幅号”；点击“农村不动产”→“生成不动产单元号”，输入“2”，全图宗地生成不动产单元号，然后按回车键。如图 4-25 所示。

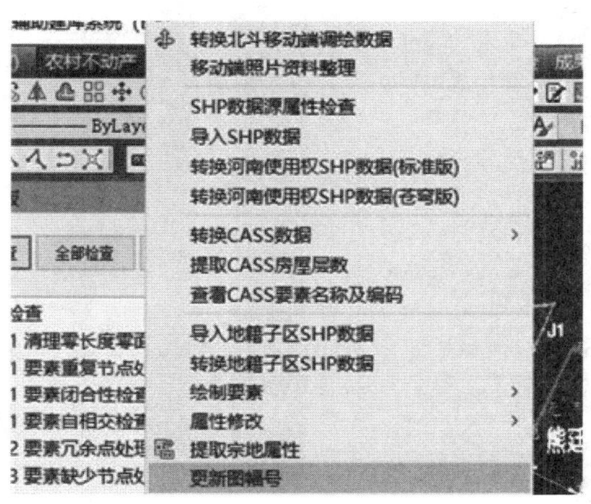

图 4-25　图幅号修改界面

（13）成果输出。点击“成果输出”→“导出宗地属性 EXCEL 表”，在提示“是否打开”时点击“是”，然后补充所属行政村代码（所有权宗地代码前 12 位）和所属行政村名称。在四至中，将“路”替换为“道路”（按 Ctrl+F 键替换）后保存。点击“成果输出”→“导入宗地属性 EXCEL 表”，底端输入命令行显示“导入成功”。然后点击右侧的“绘图编辑”→“宗地属性提取”，输入“2”，对全图提取宗地属性。点击“成果输出”→“导出房屋属性 EXCEL 表”，在提示“是否打开”时点击“是”，然后补充邮政编码、附加说明和调查意见，在软件内，点击右侧的“绘图编辑”，修改房屋属性里的模板后保存。点击“成果输出”→“导入房屋属性 EXCEL 表”，底端输入命令行显示“导入成功”。如图 4-26 所示。

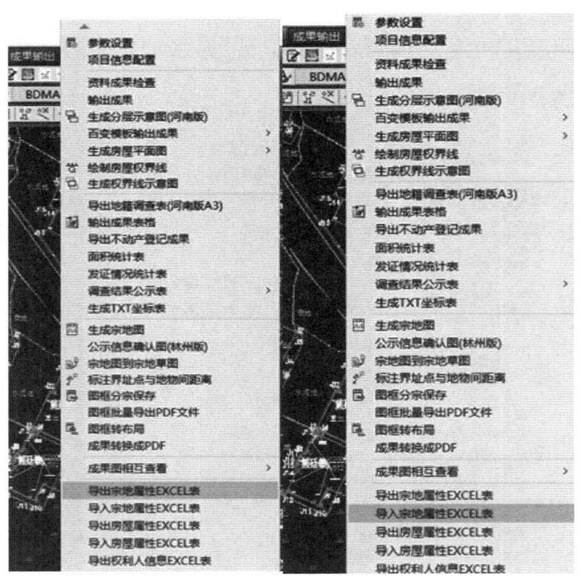

图 4-26　成果输出、输入操作界面

（14）属性检查。勾选全部编号为1的选项，点击“全部检查”，若检查出错，在右侧的“绘图编辑”选择修改房屋（宗地）属性和导出宗地（房屋）属性表对其进行修改后清除。勾选全部编号为 3 的选项（若不为全部数据，可取消“宗地号检查”中的“宗地号连续性检查”），点击“全部检查”，进行修改的步骤：在右侧的“属性编辑”点击“定义幢号”(或“阳台归属”)，选择清除。勾选全部编号为 4 的选项，点击“全部检查”，结束后关闭。如图 4-27 所示。

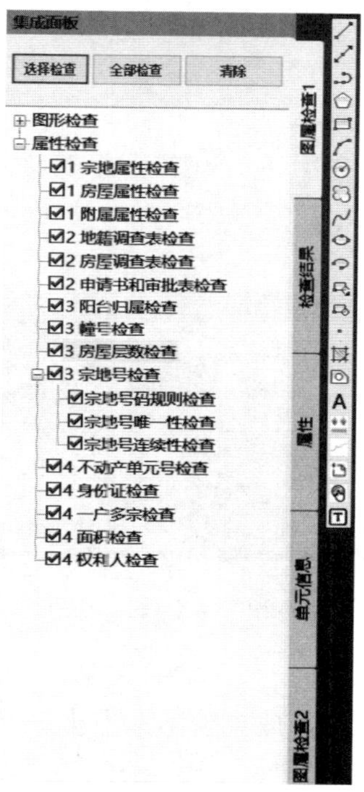

图 4-27　属性检查界面

（15）补画围墙。在右侧的“绘图编辑”点击“绘制维护物”→“绘制”，修改属性后点击“确定”。如图 4-28 所示。

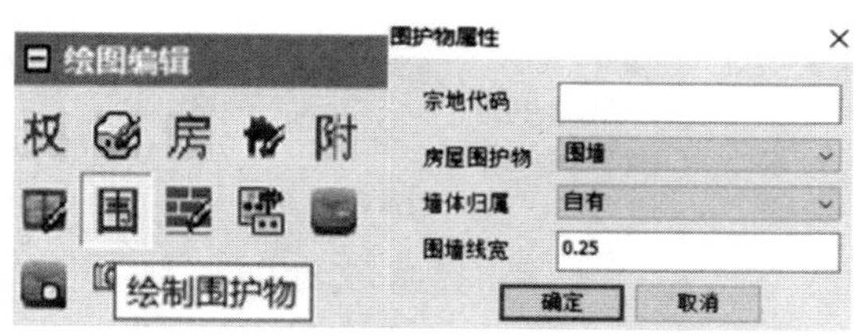

图 4-28　围墙补画界面

（16）生成界址点和界址线。在右侧的“属性编辑”点击“批量修改界址点属性”→“选择宗地范围”，全部选择后按回车键，点击“生成界址点”（在“界标类型”前打勾，属性才会成功附加），完成后点击“退出”。在右侧的“属性编辑”点击“批量修改界址线属性”→“选择宗地范围”，全部选择后按回车键，点击“生成界址线“（在“界址线类别”前打勾，属性才会成功附加），完成后点击“退出”。

（17）成果输出。

①建立选择集：如图4-29所示，点击图上的放大镜快捷键，建立需要导出的成果范围（建议分批导出成果）。

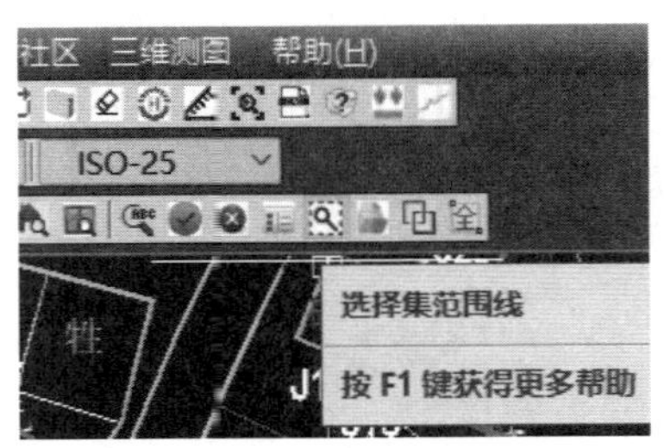

图4-29　建立选择群界面

②导出分层图：在右侧的“成果输出”点击“分层示意图”，在弹出的对话框中勾选“全选”后点击“确定”。选择范围（直接选择建立选择集的范围线），选定左下角位置，在右侧的“其他工具”点击“分式注记偏移”，选择范围后按回车键。如图4-30所示。

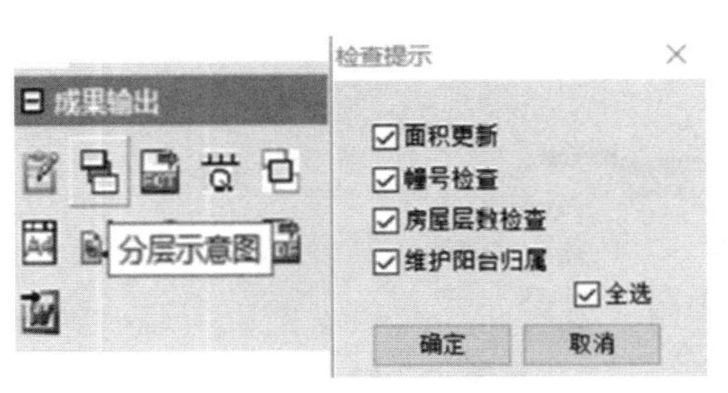

图4-30　导出分层图界面

③导出权界线示意图：在右侧的“成果输出”点击“导出房屋权界线示意图”，在底端的输入命令行输入需要的模式（默认为“显示部分范围”），选择范围，在底端选择需要的图形模式。

④导出房屋平面图：在右侧的“成果输出”点击“输出房屋平面图”，在底端选择需要的图形模式，然后填写修改所需的信息，点击“确定”，选择范围，选择左下角位置。

⑤导出宗地图：在右侧的“成果输出”选择批量A4图框，填写修改所需的信息，点击“确定”，勾选显示邻宗隶属物，自动调整横竖向，然后点击“确定”。

⑥导出宗地草图：在右侧的“成果输出”点击“宗地图到草图”，填写修改所需的信息，点击“确定”，选择范围后按回车键。如图4-31所示。

图4-31　宗地草图导出界面

⑦输出表格成果：在右侧的“成果输出”选择“表格成果输出”，填写修改所需的信息，选择需要输出的表格（在弹出的对话框上端选择地区版本），最后点击“确定”。如图4-32所示。

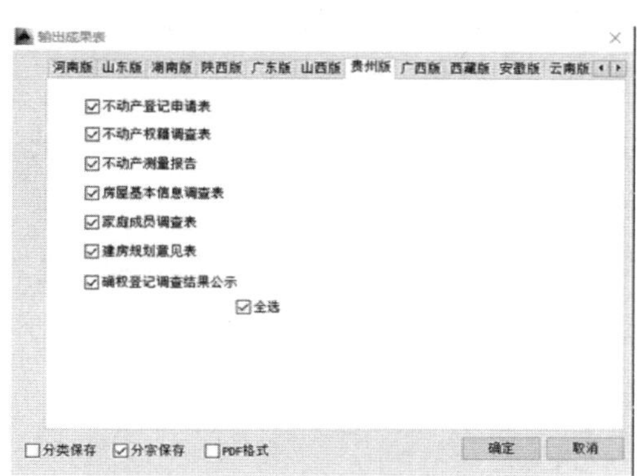

图4-32　表格成果输出界面

⑧导出 PDF 文件：在右侧的“成果输出”点击“图件成果输出”，在底端选择一户一档保存，然后选择范围，填写修改所需的信息后点击“确定”。如图 4-33 所示。

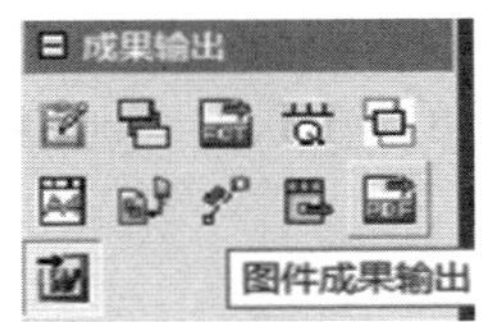

图 4-33　PDF 成果导出界面

3.《BDMap 农村不动产》软件建库端操作流程

（1）从桌面端导出建库所需 SHP 文件。点击“成果输出”→“导出北斗 SHP 数据（建库端）”。如图 4-34 所示。

图 4-34　SHP 数据导出界面

（2）建库。在建库软件图标处点击鼠标右键，选择“以管理员身份运行”→“建库”，选择“北斗数据入库 SHP 文件路径”，选择 SHP 文件（导出北斗 SHP 文件）后点击“执行”，导入完成后点击“确定”。

（3）设定数据源。点击“文件”→“设定数据源”，选择 MDB 文件，选择坐标系，测试链接后保存，最后点击“确定”。

（4）导入权属单位代码表。点击左下角的“政区管理”→“导入”(若无显示，可拉中政区管理器上边框，拉伸延长页面，即可显示)，导入权属单位代码表（新建工程文件夹时自动生成，存放至农房工程文件夹下的二级目录内），如图 4-35 所示。

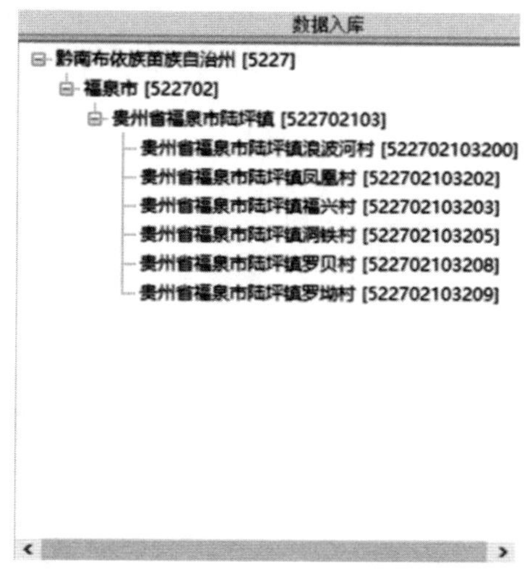

图 4-35　导入代码界面

（5）图形检查。点击“建库”→“图形检查”，在提示“是否开始拓扑检查”时点击“是”，然后点击“确定”。若出现错误，可在“文件”→“加载数据”处全选后点击“确定”，查看问题出现在哪里，在桌面端进行修改。

（6）属性检查。点击“建库”，按照图 4-36 中的指示进行维护，选择“属性检查”后点击“确定”，其中“附记维护”和“限高维护”需要根据当地要求确定阈值。同样，出现错误需要在下方查看错误之处，然后在桌面端进行修改。

图 4-36　属性检查界面

（7）成果输出。点击“成果”→“贵州增量”，在弹出的对话框中的“请输入村编码”选项中选择当前村落，然后点击“确定”，导出完成会提示“是否打开”，选择“是”，查看数据后关闭。如图 4-37 所示。

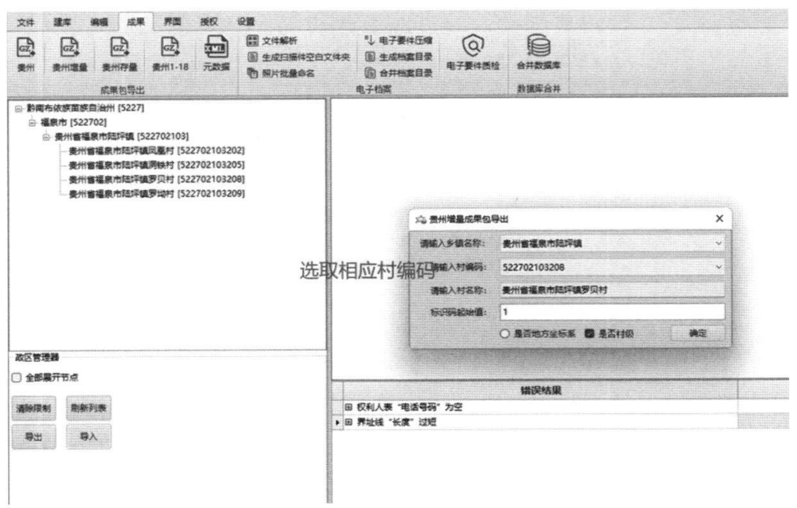

图 4-37　成果输出界面

（8）确保以上工作正确后，开始配置入库。点击“设置”→“档案种类设置”→“配置”，按照第一行要求，配置所需种类（可复制最后一行，粘贴进行修改，需要注意：修改完成后鼠标光标会回到最后一行末尾）。然后点击文件“保存”→“刷新”→“确定”（档案种类由县局指定，此处按县局要求进行配置）。如图 4-38 所示。

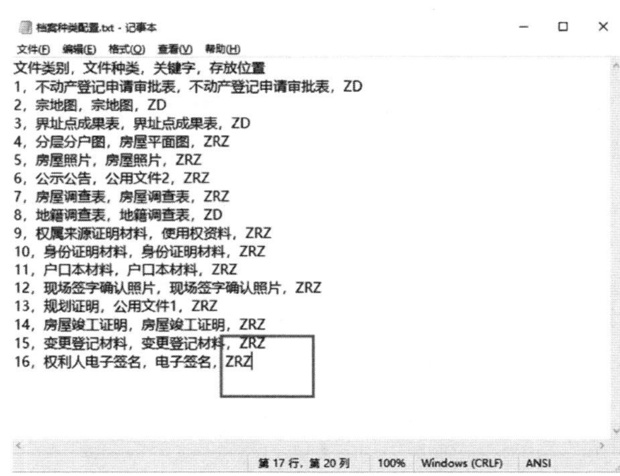
档案种类配置.txt - 记事本

文件(F) 编辑(E) 格式(O) 查看(V) 帮助(H)

文件类别，文件种类，关键字，存放位置
1，不动产登记申请审批表，不动产登记申请审批表，ZD
2，宗地图，宗地图，ZD
3，界址点成果表，界址点成果表，ZD
4，分层分户图，房屋平面图，ZRZ
5，房屋照片，房屋照片，ZRZ
6，公示公告，公用文件2，ZRZ
7，房屋调查表，房屋调查表，ZRZ
8，地籍调查表，地籍调查表，ZD
9，权属来源证明材料，使用权资料，ZRZ
10，身份证明材料，身份证明材料，ZRZ
11，户口本材料，户口本材料，ZRZ
12，现场签字确认照片，现场签字确认照片，ZRZ
13，规划证明，公用文件1，ZRZ
14，房屋竣工证明，房屋竣工证明，ZRZ
15，变更登记材料，变更登记材料，ZRZ
16，权利人电子签名，电子签名，ZRZ

第 17 行，第 20 列　100%　Windows (CRLF)　ANSI

图 4-38　配置入库界面

（9）档案质检。点击“成果”→“电子要件质检”，选择 02 电子档案，同级目录生成错误文档，按照文档提示进行修改。如图 4-39 所示。

图 4-39　档案质检界面

（10）档案压缩。点击“成果”→“电子要件压缩”，选择 02 电子档案，将压缩比例调为“75%”后点击“压缩”（阈值可自行定义）。如图 4-40 所示。

图 4-40　档案压缩界面

（11）生成档案目录。点击“成果”→“生成档案目录”，原始默认为“02”，改为压缩过的 q75 后缀文件，将目标路径选择到 06 登记发证成果包中的 archives 文件夹内，开始生成。如图 4-41 所示。

图 4-41　生成档案目录界面

（12）压缩提交。将 06 登记发证成果包添加至压缩文件，压缩为 ZIP 格式文件，按发证平台要求进行成果整理，完成建库工作。

4.3 三维图解+勘丈法

4.3.1 三维图解+勘丈法关键技术分析

三维图解＋勘丈法是利用飞行平台上搭载的多台传感器从垂直、倾斜等不同角度采集图像来获得地面物体完整的信息，主要包括数据获取和数据处理两个部分。数据获取部分一般包括 1 台垂直摄影相机和 4 台倾斜摄影相机，与 GPS 接收机、高精度 IMU（Inertial Measurement Unit，惯性测量单元）惯性系统进行高度集成。摄影相机用于获取影像信息，GPS、IMU 分别用于获取位置和状态信息。数据处理部分，一般通过在系统中集成定位、定姿设备信息拍摄的每张影像提供位置姿态信息。外业获取数据后通过专业软件（如 Smart 3D）进行精细化三维模型的建立与 DOM（Digital Orthophoto Map，数字正射影像图）的生成，再通过专业软件（如 CASS 3D、《清华三维 EPS》）加载三维模型与 DOM 数据，可以同步采集宗地、房产相关数据，录入权属相关信息，经检查合格后输出成果。

该方法充分利用三维模型采集宗地图与房屋边长数据，一步到位实现测量与调查，避开了用全站仪或 GPS-RTK 等方法实测宗地图的情况。该种方法在国家、省农村宅基地及集体建设用地地籍调查技术规程中均有相关精度规定，在满足界址点精度指标、技术设计书通过业主方的审批的情况下，可以大大地减少外业工作量。只有在房屋被遮挡的情况下，需要外业补充勘丈房屋边长。在都匀市农村宅基地权籍调查测绘项目中，外业补充勘丈比例约为 5%。相较于二维图解＋勘丈法，三维图解＋勘丈法得到的界址点精度更高，外业工作量更小，同时更节省人力、物力、财力。

该方法解决的关键问题：一是采用更新、更高端、更稳定、更可靠的技术对房地一体项目进行测绘；二是改进了数据处理的方法，出成果的效率更高，更能快速满足用户需求；三是对野外作业时飞机的飞行安全措施展开了探索，有利于保障飞行安全。

4.3.2 三维图解+勘丈法作业流程

三维图解＋勘丈法作业流程如图 4-42 所示。

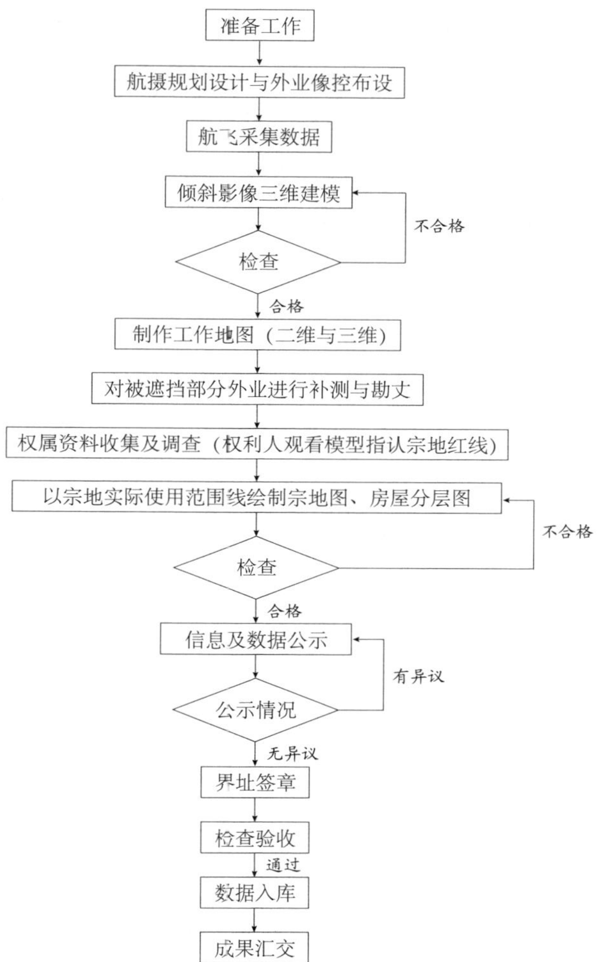

图 4-42　三维图解＋勘丈法作业流程

4.3.3 三维图解+勘丈法实例操作

研究区在贵州农村宅基地中比较有代表性，适合采用三维图解＋勘丈法进行农村宅基地权籍调查。研究区现状如图 4-43 所示。

图 4-43　研究区全貌与局部图

1. 准备工作

本次采用大疆经纬 M300 RTK 无人机搭载赛尔 102S 五镜头倾斜摄影相机作业，主要准备工作如下：

（1）踏勘飞行区域范围、是否为禁飞区、地形情况、房屋朝向及密集度。

（2）空域申请和气象条件预报。在飞行之前需要向主管部门申报空域，并联系地方派出所进行备案，避免因报备手续不全而引起的不必要麻烦，保证航拍任务的顺利实施。

（3）飞机和机组人员、摄影员（有飞行执照）准备安排设备进行试飞、试照，分析处理试照的影像，为正式作业做好准备。

（4）像控点布置。要想提高数据精度，对控制点的要求也应相应提高。尽量每间隔 100 米左右布设 1 个像控点，房屋密集区应相应地增加控制点。一般选择将像控点布设在影像的六度重叠区域，至少为五度重叠，在交通便利、地势相对平坦的区域，上方无障碍物和遮挡物（天顶距不小于 45° 角）、点位易于布设像控点标志之处。像控点测量采用网络 RTK 技术（千寻位置），按 GNSS-RTK 图根点的精度测定像控点的点位坐标，在固定解状态下测量，对每个像控点测量 3 次，每次观测历元数不少于 20 个，数据采集间隔不少于 3 秒，当点位平面和高程较差均小于 2 cm 时取其平均值作为最终成果。本次研究区共布置了 22 个像控点，如图 4-44 所示。

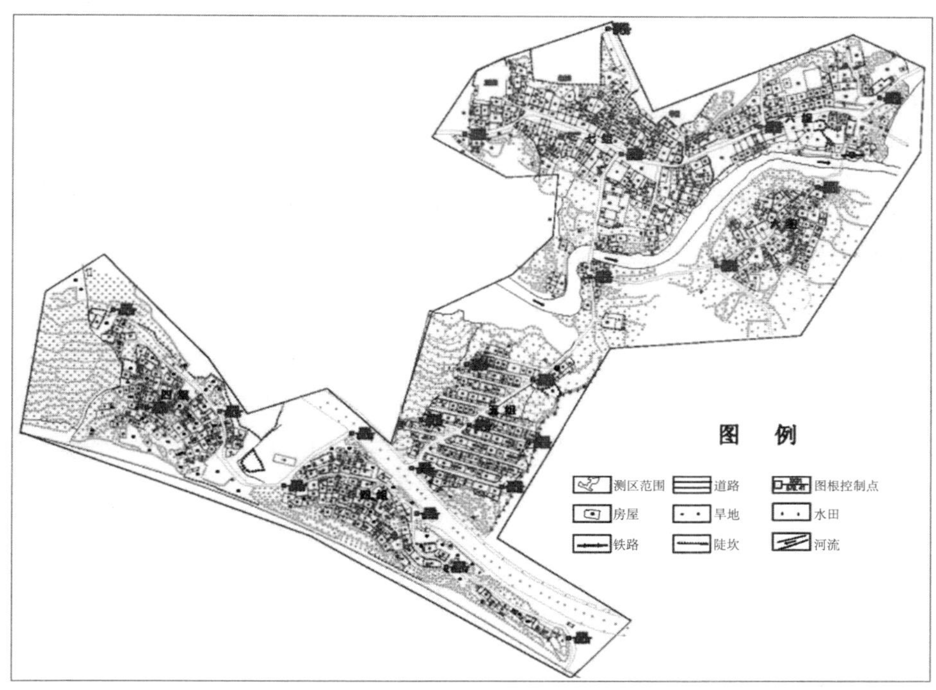

图 4-44　像控点布置图

2. 航摄质量控制

外业航摄的质量非常关键，直接影响模型的质量及线划图精度，即界址点、房屋边长及房屋面积精度。控制外业航摄质量应注意以下几点：

（1）选择能见度在 2 km 以上的天气，确保各飞行架次气象条件的一致性。

（2）严格按照航摄要求确定摄影时间。

（3）严格掌握摄影天气，一般航摄必须在晴天或阴天、能见度好的天气条件下进行，确保地面无云影，保持足够的光照度；在确保安全的情况下，航摄高度越低越好，一般在 100 m 航高就能保证精度。

（4）根据飞行高度、大气能见度、太阳高度角等情况，合理地选择曝光参数，提高影像质量。

（5）影像色彩需要均匀、清晰，颜色饱和，不出现云影和划痕，反差适中，像元分辨率为 3.9 μm。

（6）确保提交的成果影像中单张彩色像片影像的清晰度，并对各种地物进行辨认，绘制地物轮廓，保证相邻影像之间相同地物色调的一致性和摄区像片色调效果的均匀性。

（7）在照片数据存储和包装过程中，飞行后导出的照片数据是根据镜头自动导出的，还需编写架次号、镜头号和相机 POS 文件；在对相片色彩、质量和编号进行检查后，根据项目和日期进行保存。

3. 三维建模实例操作

以《瞰景 Smart 3D》软件为例，阐述具体操作步骤与质量控制。

（1）新建工程：打开主控端 Master，点击“文件”→“新建工程”，或直接点击新建工程图标，填写工程名称，确定工程路径及任务队列路径（所有路径均支持中文字符），然后点击“确认”。如图 4-45 所示。

图 4-45　新建工程界面

（2）导入影像：在“照片组”点击鼠标右键，选择“导入照片组”。然后检查影像路径是否合法。若不合法，通过设置照片组目录更换或打开路径管理器修改。选择影像所在文件夹，软件提示需要设置 GNSS 高度参考。若影像没有自带的定位信息，直接选择“忽略”即可；若影像有自带的定位信息，选择相应的椭球及高程坐标系，点击“确定”后导入数据。如图 4-46 所示。

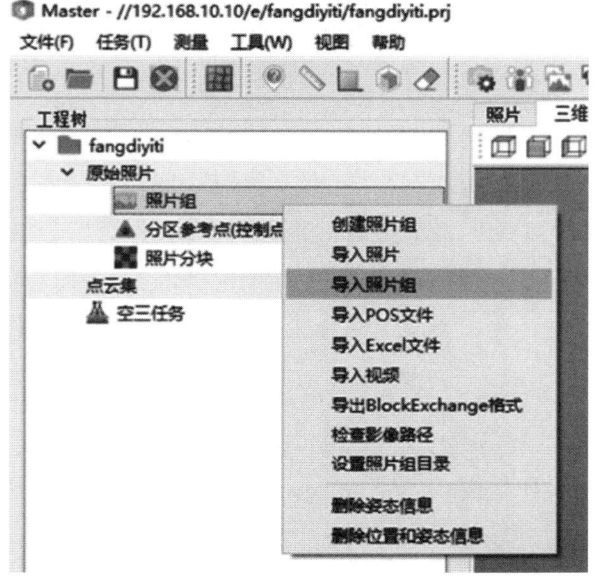

图 4-46　照片导入界面

（3）设置相机参数：在工具栏中找到相机参数，点击“添加”，按照相机报告上的参数依次填入，没有的参数默认为“0”。设置好相机名称。如果某次软件计算完成后的相机参数需要保存供下次使用，可在对应的照片组上单击鼠标右键，选择添加相机模型到相机库即可。如图 4-47 所示。

图 4-47　相机参数设置界面

（4）导入 POS 文件：在“照片组”上单击鼠标右键，选择“导入 POS 文件”。在选择 POS 文件时选择包含所有照片组的 POS 文件。若每个照片组有单独的 POS 文件，则选择每个照片组的 POS 文件导入。选择分隔符，对表格进行分列。查看文件是否有需要跳过的行，若没有，则忽略文本行选“0”；若有，则有几行填几行。完成后点击“下一步”。选择 POS 文件的坐标系，默认选择 WGS84 坐标系（1984 世界大地坐标系）。若 POS 文件有姿态信息，需勾选导入相机姿态信息，并选择对应的角度格式；若无姿态信息，跳过这一步。如图 4-48 所示。

图 4-48　导入 POS 文件界面

（5）提交第一次空中三角测量结果：解析空中三角测量是航测内业最为关键的工序，其成果的优劣直接影响到内业成图的质量和数学精度。其核心内容是以航拍像片上量测的像点坐标为依据，采用严密的数学模型，按最小二乘法原理，用少量野外控制点（像控点）作为约束条件，在计算机上解出所摄地区未知点的地面坐标。为叙述方便，本书称此项工作为“空三”。将相关数据导入 POS 后，在软件中找到“空三任务”，单击鼠标右键，选择“创建空三任务”，创建一个新的空三任务，然后输入空三任务的名称。在参照相机中勾选“下视相机”作为参照相机。空三运算时，只有连接点参与解算，做自由网空三运算，控制点不参与平差解算。提交运算后，需打开软件的 Engine 模块开始运算，注意 Engine 模块的任务队列路径要与创建工程时所选择的路径保持一致。任务队列路径可在引擎管理中修改，右键提交修改即可。空三计算时，可在属性栏查看进度条。空三计算完成后，可在三维视图下查看运算成果，检查有无异常。如图 4-49 所示。

图 4-49　空三运算界面

（6）提交第二次空中三角测量。

添加控制点的方法有三种：一是导入控制点文本文件，二是手动输入控制点坐标，三是导入 XML 格式的控制点文件。

导入控制点文件的操作过程为：在控制点信息上单击鼠标右键，选择导入控制点，选择控制点文件打开。控制点导入操作和导入 POS 一样，选择正确的坐标系统，给控制点分配字段，点击“完成”即可。

（7）显示空三报告。

空三报告包括以下内容：

①工程概述：工程相关信息。包括工程名、相机组个数、照片量、平均分辨率、相机型号、场景大小及空三运行时间。

②质量简报：查看标定数据量及同名连接点数量。查看数据反投影误差的中误差，中误差需小于 1 像素。有人机数据反投影误差的中误差小于 0.6 像素。无人机数据反投影误差的中误差小于 1 像素。

③相机标定：查看相机型号及软件标定结果。

④相片信息：查看单张影像相关信息，如相片组、相机，每张影像连接点个数、中误差。

⑤控制点：控制点列表中可查看控制点或检查点残差及中误差，控制点

RMS（Root Mean Square，均方根值）一般小于 1 个像素，检查点小于 2~3 个像素即可。如图 4-50 所示。

控制点

控制点误差								
名称	类型	照片数	精度(米)	RMS(像素)	RMS(米)	三维误差(米)	水平误差(米)	高程误差(米)
1	水平+垂直	3	水平：0.01 高程：0.01	0.00316509	0.000164153	4.75828e-06	4.4537e-06	-1.67503e-06
2	水平+垂直	3	水平：0.01 高程：0.01	0.00309038	0.000200333	7.50118e-06	7.4011e-06	1.22123e-06
3	水平+垂直	3	水平：0.01 高程：0.01	0.00252907	0.00012174	8.15185e-06	5.44916e-06	6.06294e-06
RMS				0.0029419	0.000165228	6.96088e-06	5.89647e-06	3.69939e-06
中位数				0.00309038	0.000164153	7.50118e-06	5.44916e-06	1.22123e-06

图 4-50　控制点精度检查界面

（8）三维重建。

①创建重建任务：确认空三无误后，进行三维重建工作。在“重建任务集”上单击鼠标右键，选择“创建重建任务”。在弹出的对话框中，输入提交模型的名称，点击“下一步”。如图 4-51 所示。

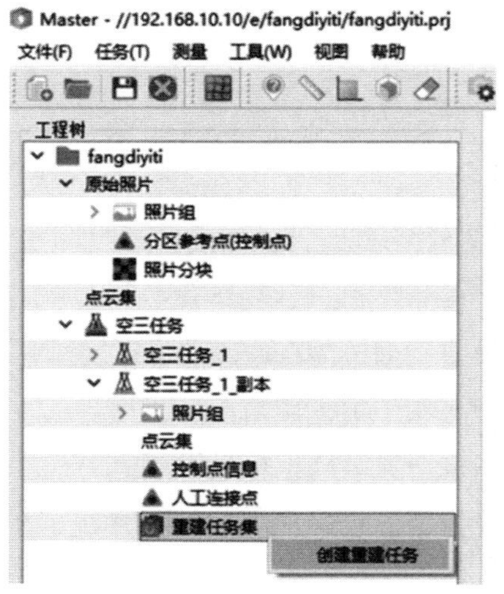

图 4-51　三维模型重建界面

②瓦片坐标系：只有具有地理参考属性的工程可用，定义了建模区域和瓦片所在空间框架中的坐标系统，与最终输出的三维模型坐标系无关。

由于模型整体输出需大量内存，一般的电脑内存不够，所以需要对模型进行分块处理，使其占用内存合理。选择模型分块模式，确定分块大小。分块大小由电脑内存决定，为了保证每个分块得以运行，分块所耗内存应不大于内存的 1/2。确定分块大小后，勾选编辑包围盒，可在下方三维视图中调整模型生成范围，通过鼠标拖拽包围盒的四边来调整范围。

③区域划分：定义三维模型输出范围，显示为一个半透明范围框。在默认情况下，范围会包括所有连接点，可以通过手动编辑范围框或约束重建范围的方式，去除不参与重建的区域。

④瓦片划分：考虑到三维场景往往包含大片区域，当将其作为一个整体进行重建时，电脑内存不足以支撑如此庞大的数据量。建议对模型进行切割，划分成较小的瓦片再进行重建运算。

进行瓦块分割时，软件会计算每个瓦块占用的内存，根据实际电脑配置确定大小即可，一般建议瓦片大小不超过电脑运行内存的 1/2。

⑤设置瓦片原点：在重建坐标系中定义瓦片的模型坐标系的原点位置。

⑥数据自适应：自适应模型坐标系是为了使大多数数据位于原点附近，避免模型数据坐标值太大而引起的数据丢失问题。

⑦用户自定义：根据需要自定义瓦块原点。

⑧范围约束：软件支持导入 KML 和 SHP 格式。本地坐标系推荐使用 SHP 格式。点击“导入”，选择相应的范围文件导入即可。

⑨提交重建：选择模型输出格式及输出路径，在选择需要重建的瓦片中可以单独选择要输出的瓦片。点击“完成”开始计算，在软件属性界面可查看模型生成进度。

4. 三维图解实例操作

（1）地籍底图的制作。

模型导入：新建一个空白的 DWG 文件并在农村房地一体权籍调查内业生产软件中打开，在此空白图形中点击工具条“打开 3D 窗口”图标，加载倾斜三维模型，加载南方 CASS 3D 三维窗口。

在空白图形中设定地籍子区编码及地籍子区名称。新建工程，建完工程后，在对应的路径下软件会自动生成工程目录文件夹。如图 4-52 所示。

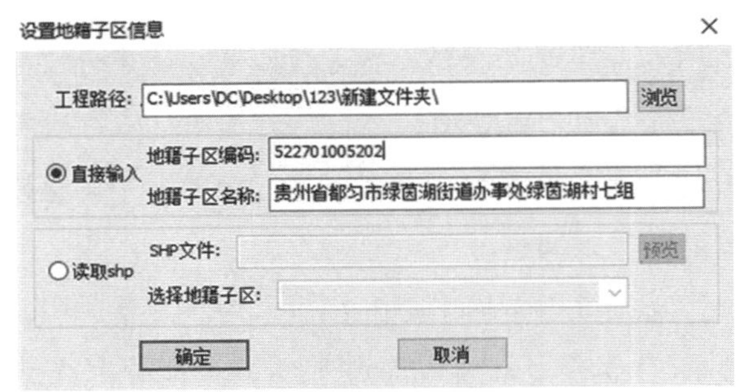

图 4-52　工程目录界面

解析三维模型，根据作图规范制作地籍底图。如图 4-53 所示。

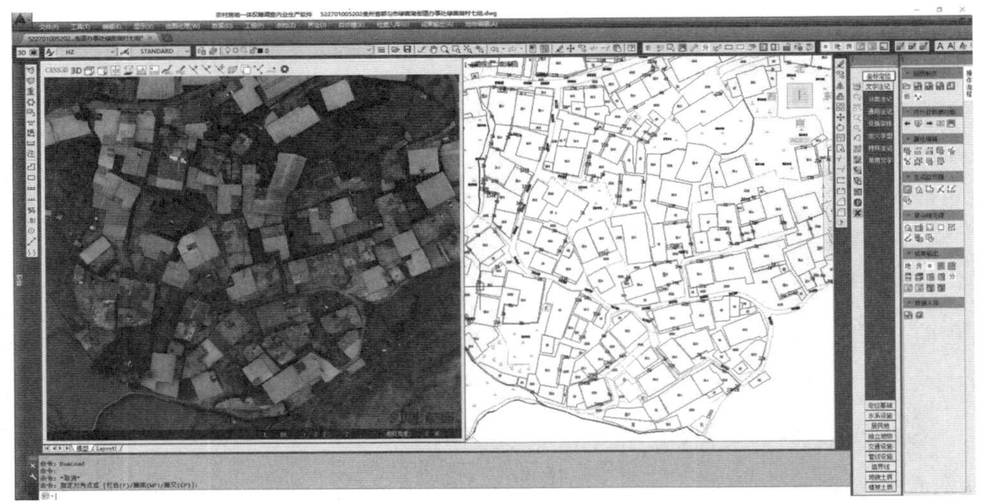

图 4-53　生成地籍图界面

（2）内外业数据对接。

根据外业调查现场指界得到每户的宗地实际使用范围线，将宗地范围复合线转为权属线生成宗地，即可完成宗地图的绘制，而后可以通过“显示”→“打开属性面板”，“宗地”→“修改宗地属性”等功能完善宗地属性。如图 4-54 所示。

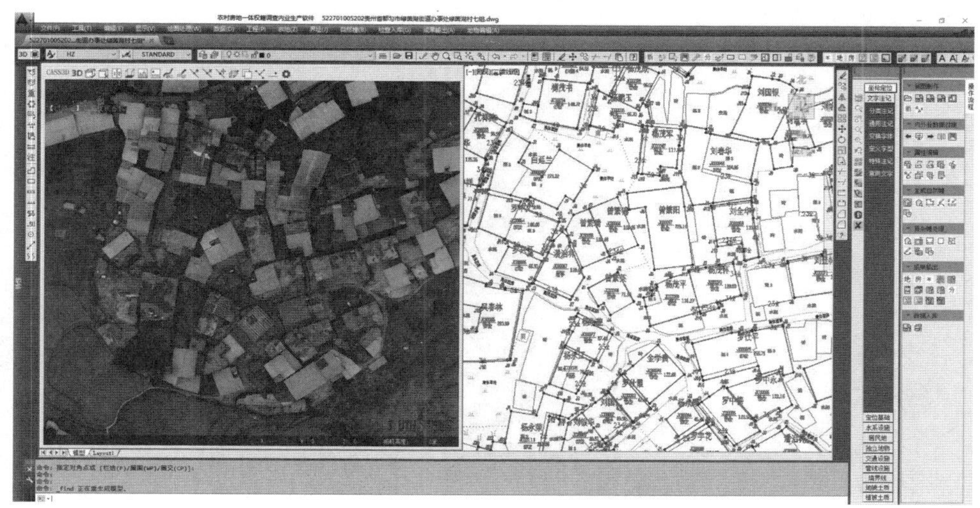

图 4-54　宗地范围线显示界面

根据外业调查得到的权利人信息制作 Excel 表格，将权利人信息表格导入内业生产软件中，即可使宗地挂接到相应权利人姓名、身份证号、电话号码、住址等信息。如图 4-55 所示。

权利人信息

序号	权利人名称	权利人类型	证件种类	证件号	地址	性别	发证机关	电话
10	何立秀	1个人	1身份证	5227011976…	贵州省都匀…	2女性	都匀市公安局	15329546313
11	金学贵	1个人	1身份证	5227011958…	贵州省都匀…	1男性	都匀市公安局	13118546118
12	金学明	1个人	1身份证	5227011965…	贵州省都匀…	1男性	都匀市公安局	13048531285
13	孔祥美	1个人	1身份证	5227011960…	贵州省都匀…	2女性	都匀市公安局	18375168518
14	刘成华	1个人	1身份证	5227011962…	贵州省都匀…	1男性	都匀市公安局	13985079586
15	刘春华	1个人	1身份证	5227011970…	贵州省都匀…	1男性	都匀市公安局	15086101049
16	刘德华	1个人	1身份证	5227011943…	贵州省都匀…	1男性	都匀市公安局	13348530553
17	刘登树	1个人	1身份证	5227011957…	贵州省都匀…	1男性	都匀市公安局	13648543889
18	刘刚华	1个人	1身份证	5227011972…	贵州省都匀…	1男性	都匀市公安局	19108541937
19	刘光林	1个人	1身份证	5227011973…	贵州省都匀…	1男性	都匀市公安局	19917072675
20	刘国军	1个人	1身份证	5227011990…	贵州省都匀…	1男性	都匀市公安局	18908548752
21	刘国娥	1个人	1身份证	5227011976…	贵州省都匀…	2女性	都匀市公安局	18085409981
22	刘国光	1个人	1身份证	5227011979…	贵州省都匀…	1男性	都匀市公安局	18185427527
23	刘国莲	1个人	1身份证	5227011974…	贵州省都匀…	2女性	都匀市公安局	13765458015

查找权利人　导出权利人　定位　删除　新增　确定　取消

图 4-55　信息导入界面

在宗地属性浏览照片界面创建“不动产权籍调查成果”和“申请人身份证

明”文件夹，导入相应的证件照片、房屋照片、权属证明等。如图 4-56 所示。

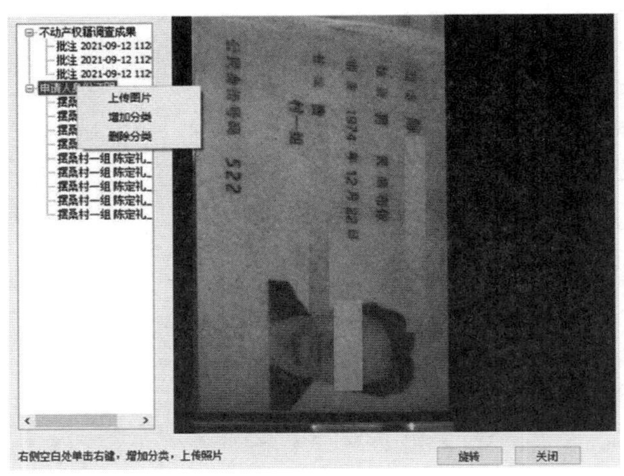

图 4-56　权利人资料导入界面

（3）生成自然幢并处理。

选择宗地内达到计算面积要求的建筑，生成自然幢边线，选择自然幢边线并修改，编辑对应的自然幢属性。如图 4-57 所示。

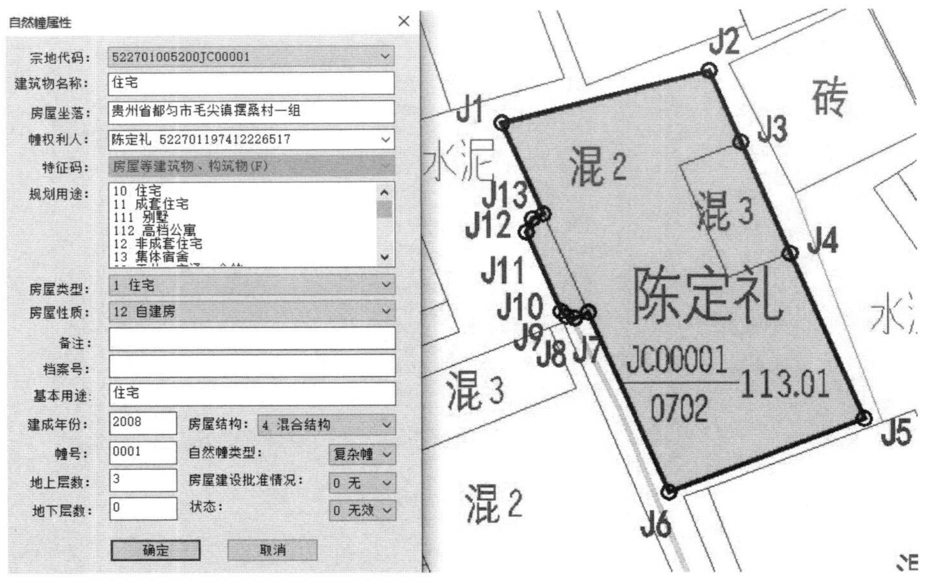

图 4-57　生成自然幢界面

将自然幢平铺，创建相应的住宅、未封闭阳台、封闭阳台等面积实体并填充在相应的区域内，填充完毕后融合自然幢楼层并计算面积。如图 4-58 所示。

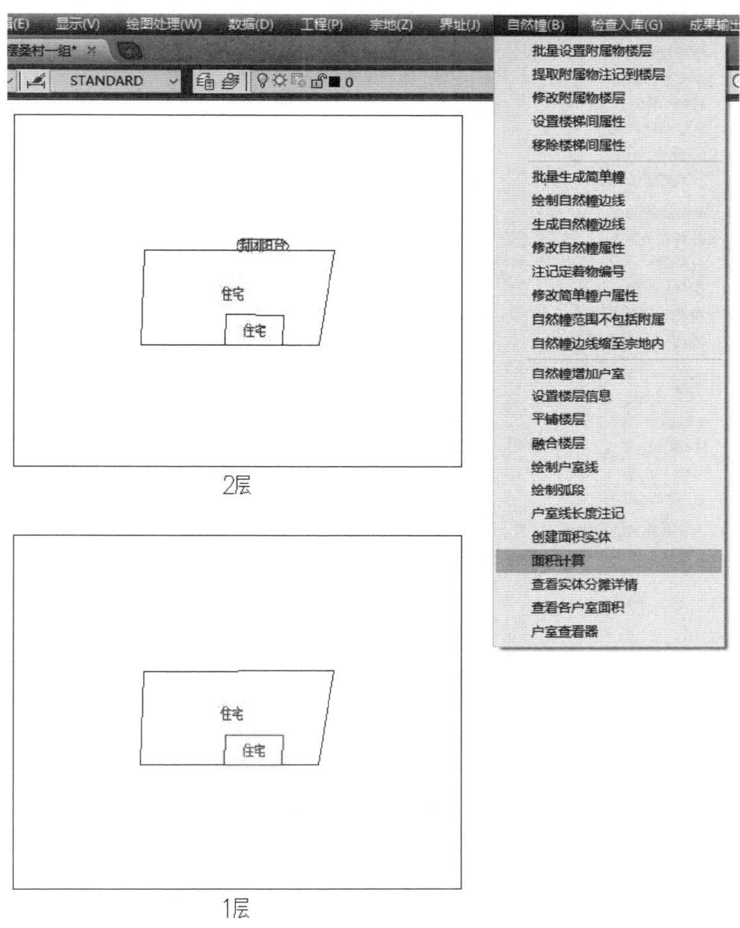

图 4-58　自然幢面积计算界面

（4）成果输出。

①批量输出不动产权籍调查表，如图 4-59 所示。

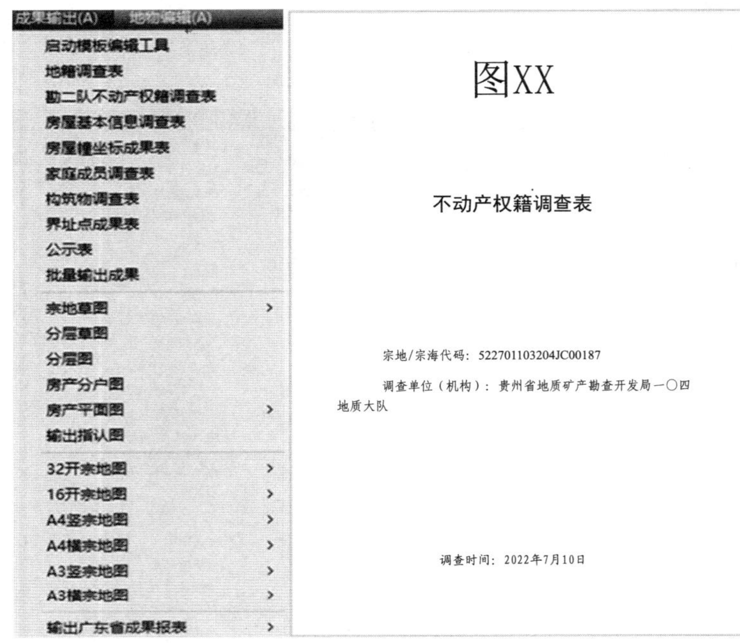

图 4-59　不动产权籍调查表输出界面

②批量输出房屋基本信息调查表，如图 4-60 所示。

房屋基本信息调查表

市区名称或代码：522701　地籍区：103　地籍子区：204　宗地号：　定着物（房屋）代码：F00010001

不动产单元号																
房地坐落	都匀市毛尖镇摆桑村一组									邮政编码	558000					
房屋所有权人								证件种类		身份证						
								证件号								
电话						住址		都匀市毛尖镇摆桑村		共有情况	共同共有					
权利人类型	个人					项目名称										
房屋性质	自建房					产别		私有								
用途	住宅					规划用途		住宅								
房屋状况	幢号	户号	总套数	总层数	所在层	房屋结构	竣工时间	占地面积（m²）	建筑面积（m²）	专有建筑面积（m²）	分摊建筑面积（m²）	产权来源	墙体归属：东	南	西	北
	0001	0001	1	3	1,2,3	混合	2008	109.73	233.58	233.58	0.00	1 自建	自有墙	自有墙	自有墙	自有墙
房屋权界线示意图	见附图									附加说明						
										调查意见	调查结果合格					

调查员：王大山　日期：2022 年 7 月 10 日

图 4-60　房屋基本信息调查表界面

②输出不动产测量报告（图 4-61）、界址点成果表和宗地图。

不动产测量报告

宗地（宗海）代码：522701103204JC00187

房屋等定着物代码：F00010001

宗地（宗海）位置：贵州省都匀市毛尖镇摆桑村一组

项目名称：

测量员（签字）：

项目负责人（签字）：

技术负责人（签字）：

单位负责人（签字）：

测量单位（盖章）：

图 4-61　不动产测量报告输出界面

③批量输出房产分户图、房产平面图等，如图 4-62 所示。

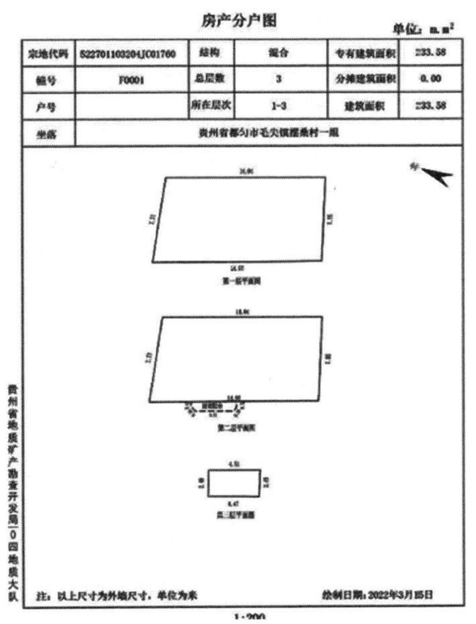

房产分户图

单位：m.m²

宗地代码	522701103204JC01760	结构	混合	专有建筑面积	233.58
幢号	F0001	总层数	3	分摊建筑面积	0.00
户号		所在层次	1-3	建筑面积	233.58
坐落	贵州省都匀市毛尖镇摆桑村一组				

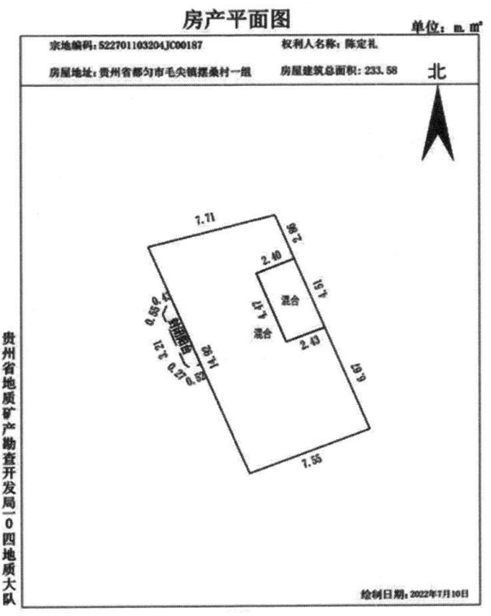

图 4-62　房产图输出界面

5. 线划图质量控制

数字线划图（Digital Line Graphic，简称 DLG）是空间数据库中的一类重要的数据形式，它主要用于生成地理空间数据库和数字地形图。DLG 包含了空间定位信息、属性信息、图形信息以及拓扑关系的空间结构等多种信息。

数字线划图是现有地形图中基础地理要素的矢量数据集。每一要素分别采用点、线、面描述其几何特征，并赋予属性。在数字测图中，最为常见的产品就是数字线划图，外业测绘最终成果一般就是 DLG。按 DLG 的产品表现形式一般可分为三种类型：数字地形图产品、空间数据库产品、数字专题图数据库产品。

在实际生产中，对每道工序的质量控制应严格按照国标、省标作业，其中内业加密的质量控制应对所有加密点的计算成果按规范要求进行检查，对区域间公共用点经人工选取的坐标，利用平差过渡，对成果逐个校核。内业采集的质量控制应对采集影像定向精度，对采集结果按照规范要求进行检查，它是成图数学精度的控制基础。数字编辑的质量控制应对图形符号和各类注记按图式表示原则进行检查，它是所有测量成果的最终表现。

下面，以广州南方测绘科技有限公司开发的农村房地一体权籍调查软件为例，阐述线划过程的质量控制。

（1）建筑物、构筑物及主要附属设施的绘制。

居民地的各类建筑物、构筑物及主要附属设施的绘制，基于农村房地一体权籍调查内业生产软件，对于各类建筑物、构筑物及主要附属设施的绘图方法有直角绘图法、直线绘图法、直接绘图法三种。

①直角绘图法：在绘出基准边后，接下来绘制的边与上一条边为垂直关系，依次绘制得到一个封闭图形。此方法适用于模型质量高、房屋规则的情况，作图速度快，成果标准、美观，但由于误差累计，用此方法作图成果质量较差。如图 4-63 所示。

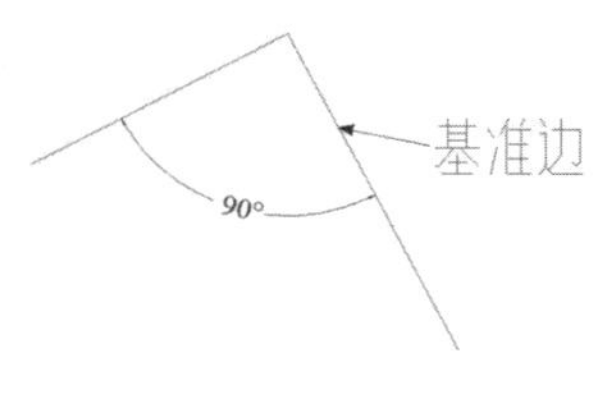

图 4-63　直角绘图法

②直线绘图法：在房屋每条边上选取两点连成一条直线，使两条直线相交得到的交点即房角点，按顺序依次作边相交得到一个封闭的图形。此方法适用于房屋结构较不规则的情况，能很好地控制每条边的作图误差，最终作图成果质量较高。如图 4-64 所示。

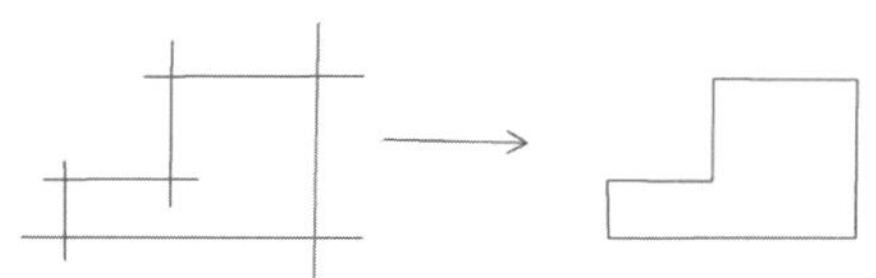

图 4-64　直线绘图法

③直接绘图法：在三维模型中直接选取房屋拐点相连接得到一个封闭的图形。此方法适用于三维模型清晰、房屋结构简单且房屋拐点容易观察选取的情况。作图成果质量与房屋拐点的捕捉精度有关。

在实际作图过程中，因房屋结构复杂，常常需要将这几种方法组合起来使用，在提高作图速度的同时控制作图的质量。

（2）道路的绘制。

①道路及其附属设施的绘制。图上应准确反映出道路的种类和等级，附属设施的结构和关系；应正确处理道路的相交关系及其他要素的关系。

②公路等双线道路均应依比例尺绘制。公路每隔 10~15 cm 要注出公路等级代码，国道要注出编号。

③道路通过居民地时不宜中断，应按实地位置绘出。高速公路要绘出栅栏及

出入口。如图 4-65 所示。

图 4-65　道路通过居民地绘制图

（3）水系的绘制。

①对于江、河等水系及其水利设施均要准确测绘，有名称的要加注名称，并表示出固定水流方向。

②江、河、湖泊等水系的水涯线按模型的水位测定。当水涯线在图上与陡坎的符号间隔小于 1 mm 时，可不绘水涯线。图上宽度小于 0.5 mm 的河沟用单线表示。如图 4-66 所示。

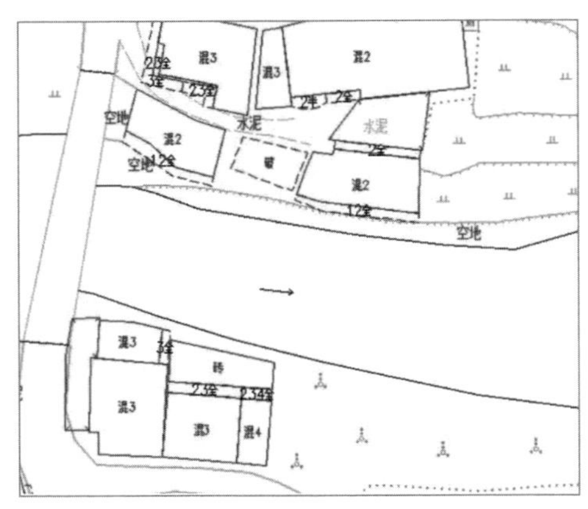

图 4-66　水涯线绘制图

（4）管线、垣栅的绘制。

①垣栅类别要清楚，适当取舍。围墙、栅栏等可视其永久性综合取舍。

②对于永久性的电力线等，需绘制出其位置及电杆的位置。若各种线在同一杆上，只表示主要的。城市的电力线等可只表示其方向，不连线。

③架空的、地面上的、有管堤的管道均应绘制，并注记传输物质的名称。

（5）植被的绘制。

①地形图上要正确反映出植物的类别特征和分布范围，并注记相应的符号。

②旱地、经济作物应加注植物名称。

③田埂宽度在图上大于 2 mm 时要绘制成双线。

④当地类界与平行的道路、水系的间隔在图上小于 2 mm 时可不绘制，但当其与管线重合时要位移 0.2 mm 绘出。如图 4-67 所示。

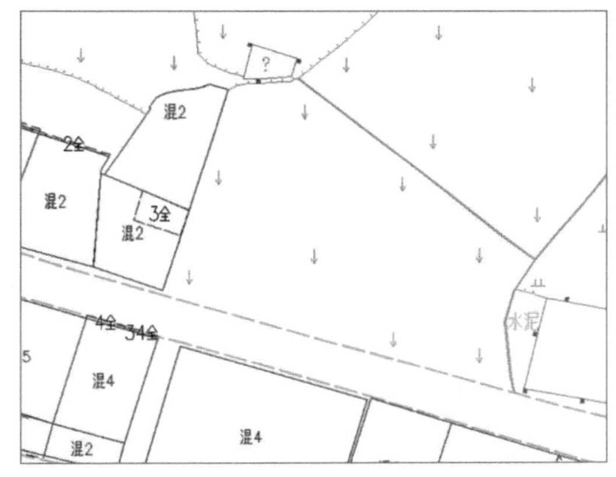

图 4-67　地类界绘制图

（6）质量控制。

主要的质量检查原则分为：成果质量的过程检查，成果质量的内容检查。

成果质量的过程检查：数据源的检查，检查基础资料的使用是否正确，航测外业成果质量检查，影像扫描的质量检查，空三加密成果的质量检查，数据采集过程中的质量检查。

成果质量的内容检查：

①基本要求：检查数据文件及资料是否齐全，数据组织、数据格式是否正

确，文件名称是否正确。

②几何精度：检查数据的数学基础、平面精度、高程精度和接边精度是否满足要求。

③属性精度：检查数据的要素分类与代码是否正确，属性项类型是否完备，属性值及注记是否正确，数据分层是否正确、完整。

④完整性：检查数据的要素是否完整。

⑤逻辑一致性：检查数据的拓扑关系是否正确，多边形是否闭合，结合点匹配是否合理。

⑥现势性：检查要素现势性是否正确。

⑦附件质量的检查：检查文档资料是否正确、完整，数据文件是否完整、正确。

（7）利用农村房地一体权籍调查软件对图形实体进行检查，检查内容如图4-68 所示。包括：

①编码正确性检查，检查地物是否存在编码，类型正确与否。

②属性完整性检查，检查地物的属性值是否完整。

③图层正确性检查，检查地物是否按规定的图层放置，防止误操作。例如，一般房屋应该放在“JMD”层的，如果放置在其他层，程序就会报错，并对此进行修改。

④符号线型、线宽检查，检查线状地物所使用的线型是否正确。例如，陡坎的线型应该是“10421”，如果用了其他线型，程序将自动报错。

⑤线自相交检查，检查地物之间是否相交。

⑥高程注记检查，检核高程点图面高程注记与点位实际的高程是否相符。

⑦建筑物注记检查，检核建筑物图面注记与建筑物实际属性是否相符，如材料、层数等。

⑧面状地物封闭检查，此项检查是面状地物入库前的必要步骤。用户可以自定义“首尾点间限差”(默认为 0.5 m)，程序自动将没有闭合的面状地物的首尾强行闭合：当首尾点的距离大于限差，则用新线将首尾点直接相连，否则尾点将并到首点，以达到入库的要求。

⑨复合线重复点检查，复合线的重复点检查旨在剔除复合线中与相邻点靠得

太近又对复合线的走向影响不大的点，从而达到减少文件数据量、提高图面利用率的目的。用户可以自行设置“重复点限差”（默认为0.1），执行检查命令后，如果相邻点的间距小于限差，则程序报错，并自行修改。

⑩等值线高程值检查，检查等高线高程值是否正确。

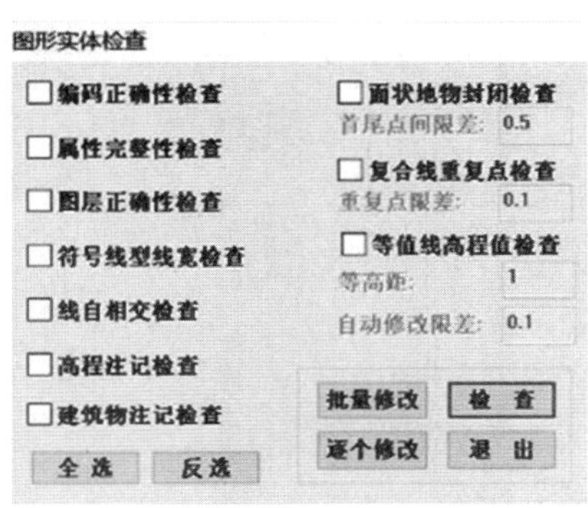

图 4-68　图形实体检查界面图

4.4 “国土调查云”调查法

4.4.1 “国土调查云”调查法关键技术分析

“国土调查云”调查法对于县级缺少调查经费和专业技术员的地方具有重要意义，其突出优点是不需要太多专业人员且投入相对较少的资金即可实施，一般由自然资源部门组织乡镇、村人员，由少数专业人员安装国土调查云软件并对非专业人员进行培训，培训合格后经过一定的指导即可由这些非专业人员开展日常的调查工作。其缺点是受云端数据的影响，采集的图件界址点精度、房屋面积精度偏低。目前国内已有部分县市利用“国土调查云”调查法开展此项工作。主要步骤如下：

①外业调查：使用手机App开展外业调查，录入权利人信息等相关信息，采集院落中心点（示意范围），录入勘丈和登记信息，拍摄宗地实地照片。

②内业处理：使用Web端进行外业成果整理、信息补充录入、标准数据成果导出、快速汇总实时汇交等工作。

③矢量化处理：使用桌面端软件，依据附图扫描件和影像底图，进行图形矢

量化和相邻关系处理等工作。

4.4.2 “国土调查云”调查法作业流程

“国土调查云”调查法作业流程如图 4-69 所示。

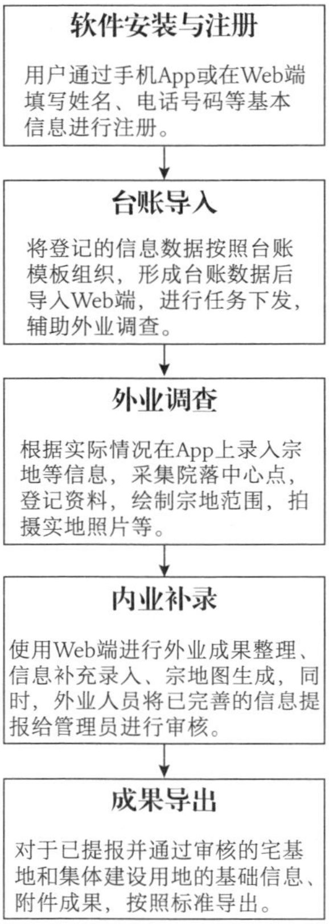

软件安装与注册

用户通过手机App或在Web端填写姓名、电话号码等基本信息进行注册。

↓

台账导入

将登记的信息数据按照台账模板组织，形成台账数据后导入Web端，进行任务下发，辅助外业调查。

↓

外业调查

根据实际情况在App上录入宗地等信息，采集院落中心点，登记资料，绘制宗地范围，拍摄实地照片等。

↓

内业补录

使用Web端进行外业成果整理、信息补充录入、宗地图生成，同时，外业人员将已完善的信息提报给管理员进行审核。

↓

成果导出

对于已提报并通过审核的宅基地和集体建设用地的基础信息、附件成果，按照标准导出。

图 4-69 “国土调查云”调查法作业流程图

4.4.3 “国土调查云”调查法实例操作

1. 用户角色

宅基地和集体建设用地确权登记任务，用户角色分为任务管理员、任务联络员、任务作业员三种。

任务管理员：负责宅基地和集体建设用地确权登记任务的管理工作，包括截图服务审核、任务审核、成果导出。

任务联络员：负责接收管理员分配的任务，包括台账导入、本级及以下用户管理、任务分发等。

任务作业员：使用贵州宅基地 App，现场采集宅基地和集体建设用地属性信息、实地照片等外业信息，并进行信息提报。

2. 用户注册与审核

普通用户可以在手机 App 端或 Web 端申请注册。联络员和管理员权限需要联系管理员进行授权。

（1）App 端自主注册：打开智能管理 App，点击“注册账号”，进入用户注册页面，填写用户名密码，点击“下一步”进入基本信息填写页面，“用户类别”选择“自然资源系统”，“行政级别”选择“县级”，“行政区”按实际情况选择作业区县。

（2）Web 端自主注册：在确权登记平台登录页面，点击“用户注册”，进入用户注册页面，录入用户名、密码，输入手机号并获取验证码后填入，点击“下一步”即可。

（3）用户审核：任务联络员登录确权登记平台，在“用户管理”→“用户审核”模块审核注册用户，审核通过后，任务联络员可登录 Web 端操作，任务作业员可登录 App 端作业。（注意：新用户注册需要进行权限配置，“用户角色”选择“普通用户”或“联络员”，业务权限需要配置“贵州省宅基地和集体建设用地确权登记”。）如图 4-86 所示。

贵州省宅基地和集体建设用地确权登记工作根据不同用户角色、工作内容分别对应手机 App、Web 端和桌面端三个应用，主要面向非专业技术人员开展工作。

3. 台账导入

任务联络员可将登记信息数据按照标准进行组织，形成台账数据，直接导入 Web 端，台账记录可作为任务下发至外业人员。操作步骤为：点击“选取文件”，选择 Excel 文件，文件需要按照“注意事项”台账数据说明进行组织，其中“行政区代码”“业务编号”“权利类型”为必填字段。

4. 外业调查

（1）作业员使用手机号、验证码或用户名密码登录 App。如果手机号提示未注册，需要先进行注册，审核通过后方可登录。作业员登录成功后，进入“业务中心”→“贵州省宅基地和集体建设用地确权登记”，进行外业任务查看。任务图斑列表分为“全部任务”和“我的任务”。全部任务：作业员的全部任务图斑。已提交：作业员已完成外业调查并提交的任务图斑。如图 4-70 所示。

图 4-70　登录及业务中心界面图

（2）外业实地调查。在图斑列表点击“新增宗地”或点击“任务列表”，进入外业核查界面。根据实际情况，填写基本信息，例如选择“宗地类型”及“是否有登记资料（证书）”等。如图 4-71 所示。

图 4-71　新增宗地界面

（3）确定宗地位置与绘制宗地范围。进入“基本信息”界面，填写“权利类型”，点击“确定宗地位置”按钮，进入地图界面。拖动地图确定宗地位置，定位到“我的位置”确定宗地位置，点击“下一步”保存宗地位置。按照勘丈法绘制宗地范围，完成后点击“保存”。

（4）填写登记资料。有登记资料或有资料但尚未提供的宗地，录入登记资料信息；无登记资料的宗地，录入权利人信息。如图 4-72 所示。

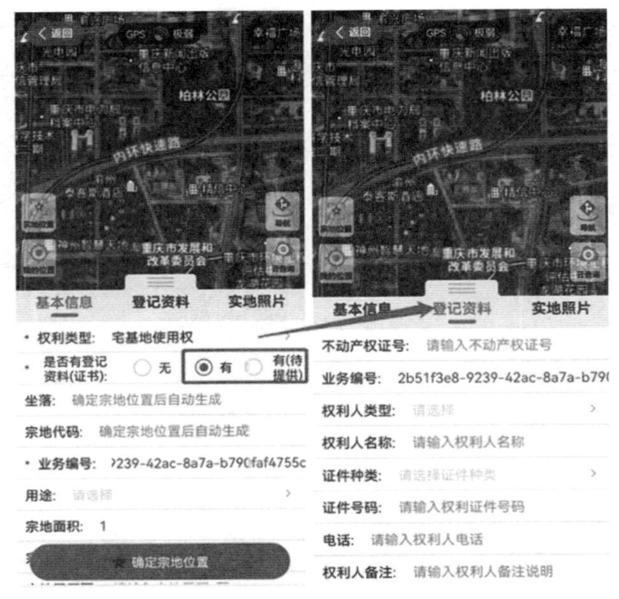

图 4-72　登记资料界面

（5）拍摄相关资料导入。拍摄申请人身份证明、不动产权籍调查成果、证书等照片，支持现场拍摄和从相册导入两种方式。如图 4-73 所示。

图 4-73　资料导入界面

（6）外业成果提交。完成调查任务后，可以在返回图斑列表时点击“马上提交”或“稍后提交”。对未立即提交的成果可以点击“成果提交”按钮，勾选待提交图斑，点击“成果提交”提交，提交后可在 Web 端同步查看。如图 4-74 所示。

图 4-74　成果提交界面

5. 内业补录

作业员在 App 提交任务后登录 Web 端进入“外业清单”，若有任务需要补充信息，点击“详情”查看任务详细信息。作业员可以在左侧地图模块对宗地位置进行调整和保存。根据掌握的资料对宗地的基本信息（是否有登记资料、宗地类型）、勘丈信息或登记资料进行修改或补充录入，同时也可以对实地照片进行补充上传。信息补录完成后，点击“刷新宗地图”按钮，系统自动生成宗地图。最后点击上方“保存”和“提报”按钮进行保存。对于系统自动生成的宗地图有疑义或对样式不满意的用户，可以通过系统提供的“下载矢量宗地范围”功能，获取 App 端提交的矢量数据，自行通过其他软件（如 CAD）绘制后通过“上传宗地图”按钮刷新宗地图图片。已有宗地图的存量数据可通过外业拍照在 App 端提交或通过 Web 端“上传宗地图”提交宗地图图片。

6. 任务提报

作业员在任务详情信息核实无误后可立即点击“提报”，也可以在返回“外业清单”后，对确认信息无误的任务进行“提报”。“已提报”的任务，“提报”按钮将显示为灰色，且详情内的信息将不可编辑。

7. 成果审核

任务管理员进入“待审核清单”可以通过“条件筛选”根据任务来源、权利类型等进行筛选，在任务列表点击“详情”进入已提报待审核的任务。任务管理员在任务详情可通过“实地照片”和作业员提交的权利人信息、登记信息等进行辅助审核判断。若审核通过，则在“审核复核”选择“通过”并填写审核备注。若管理员认为作业员提报的信息有误或不全，需要重新填报确权登记信息，则在“审核复核”选择“不通过”。若确认有误须重新调查完善，则在选择“不通过”后，填写理由并点击“打回”；若需要管理员进一步确认真实性以判断是否有误，可在选择“不通过”后填写理由并点击“保留疑义”，后续可在“待审核列表”中筛选重新审核。

8. 成果导出

任务管理员将已完成外业调查的宅基地和集体建设用地的基础信息按照标准使用宅基地和集体建设用地调查成果导出工具进行导出。下载成果导出工具软件压缩包，解压安装包并根据提示进行安装。下载安装前请保证电脑具有 ArcGIS 服务环境，否则工具无法正常运行。选择需要下载的“任务类型”“任务名称”和“作业区域”，指定“导出路径”后点击“导出到本地”，等待图斑下载和附件下载进度显示为 100%，即完成下载。如图 4-75 所示。

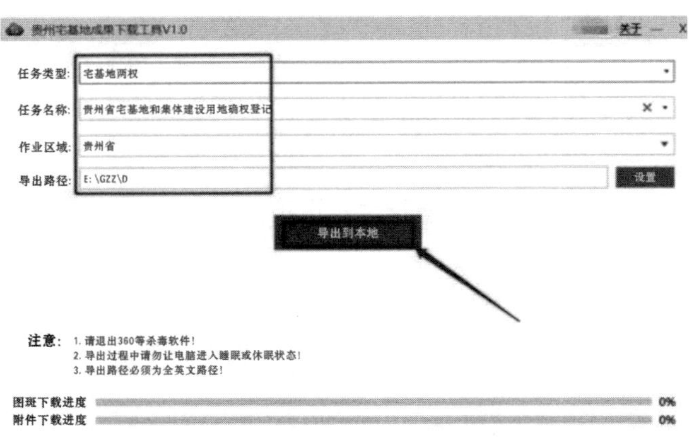

图 4-75　成果导出图

第五章　测绘方法适宜性分析

第四章介绍了全野外解析法、二维图解＋勘丈法、三维图解＋勘丈法、“国土调查云”调查法四种测绘方法，四种方法的作业流程、关键技术差别明显。现以笔者及团队在都匀市邦水村四至七组开展的工作为例，对这四种方法调查的效率、技术难度及成果的精度进行综合对比与分析，阐述在什么情况下适合采用什么测绘方法。

5.1 精度对比分析

5.1.1 界址点点位精度对比分析

经过统计，全野外解析法测得的界址点相对于图根点平面点位中误差为 ±0.045 m，小于 0.075 m[①]，满足精度要求。二维图解＋勘丈法测得的界址点相对于图根点平面点位中误差为 ±1.152 m，小于 1.20 m[②]，满足精度要求。三维图解＋勘丈法测得的界址点相对于图根点平面点位中误差为 ±0.064 m，小于 0.25 m[③]，满足精度要求。“国土调查云”调查法测得的界址点相对于图根点平面点位中误差为 ±2.55 m，误差较大，可以满足调查类精度，但不适宜在确权登记发证中使用。详细的精度统计数据见附录 6。

---

① 取《地籍调查规程》（TD/T 1001—2012）中规定的二级精度。

② 取《贵州省宅基地和集体建设用地地籍调查技术规程》中的相关规定，成图比例按 1：2000计算。

③ 同上，成图比例按1：500计算。

5.1.2 界址点间距精度分析

经过统计，全野外解析法测得的界址点相对于相邻界址点间距误差为 ±0.035 m，小于 0.075 m[①]，满足精度要求。二维图解 + 勘丈法测得的界址点相对于相邻界址点间距误差为 ±0.232 m，小于 0.3 m[②]，满足精度要求。三维图解 + 勘丈法测得的界址点相对于相邻界址点间距误差为 ±0.082 m，小于 0.20 m[③]，满足精度要求。“国土调查云”调查法测得的界址点相对于相邻界址点间距误差为 ±2.831 m，边长误差较大。详细的精度统计数据见附录 7。

5.1.3 房屋面积精度分析

在研究区，我们选择了 100 幢房屋进行了房屋面积检查，按《房产测量规范》中的三级面积精度（$0.08\sqrt{S}+0.006S$）统计超限数量。其中，解析法超限的有 3 个，二维图解 + 勘丈法超限的有 5 个，三维图解 + 勘丈法超限的有 4 个，均满足 5% 的错误率，属于合格测绘产品。“国土调查云”调查法测得的面积因界址点点位中误差、房屋边长误差较大，80% 以上的房屋面积都是超限的。详细的精度统计数据见附录 8。

5.2 效率对比分析

5.2.1 时间效率对比分析

采用全野外解析法、二维图解 + 勘丈法、三维图解 + 勘丈法、“国土调查云”调查法，投入同样的人力、物力，四种方法完成全部工作耗费的时间如图 5-1 所示。

---

① 取《地籍调查规程》（TD/T 1001—2012）中规定的二级精度。

② 取《贵州省宅基地和集体建设用地地籍调查技术规程》中的相关规定，成图比例按 1∶500计算。

③ 同上，成图比例按1∶500计算。

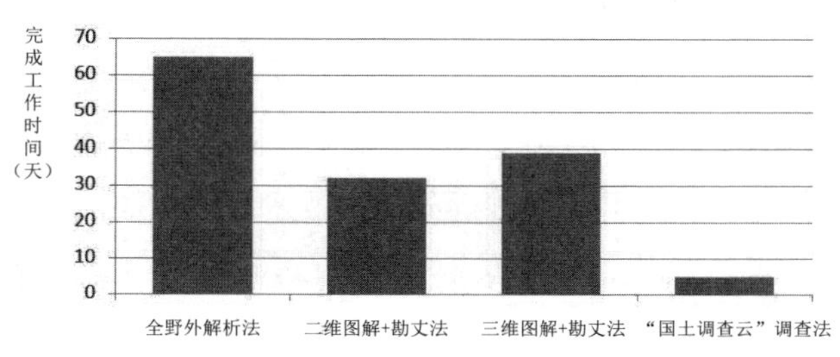

图 5-1　时间效率对比

全野外解析法耗费的时间最多，大约是图解法的 2 倍；耗费时间最少的是“国土调查云”调查法，但该方法的精度较低，只能用于调查入库汇交工作，不能满足确权登记发证工作的相关要求。

5.2.2 经济效率对比分析

采用全野外解析法、二维图解 + 勘丈法、三维图解 + 勘丈法、“国土调查云”调查法，投入同样的人力、物力，完成全部工作花费的成本如图 5-2 所示。

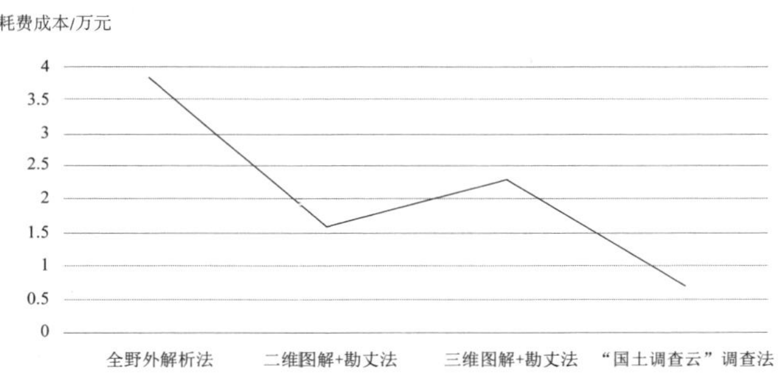

图 5-2　经济效率对比

全野外解析法耗费的成本最多，其次是三维图解 + 勘丈法，耗费成本最低的是“国土调查云”调查法。由此可见，在财政状况不佳的情况下，优选“国土调查云”调查法。这种方法在云南省、贵州省得到了广泛的使用。它可以满足国家对“两权”调查与数据入库汇交工作的基本要求。

5.3 技术难度对比分析

采用全野外解析法、二维图解＋勘丈法、三维图解＋勘丈法、“国土调查云”调查法对开展工作的技术难度进行分析，技术难度最高的是三维图解＋勘丈法，在三维图解＋勘丈法中，难度最高的是倾斜航飞与三维模型的数据处理以及线划处理，前期在设备方面投入的成本较大。由于现在的倾斜三维测绘技术比较普及，对于小型测绘公司，可以把三维模型委托给专业单位来做，这样可以节约前期经济投入与时间成本。全野外解析法需要使用全站仪、RTK 等专业设备，还需要专业的测绘技术人员来完成图的绘制，技术难度比较高。相比于全野外解析法与三维图解＋勘丈法，二维图解＋勘丈法与“国土调查云”调查法的技术难度较小，对工作人员的要求不高，一般来说，高中或职校毕业生培训 2~3 天即可外出开展工作。

5.4 综合对比分析

从时间、成本、难度以及适应范围等方面，对解析法、二维图解＋勘丈法、三维图解＋勘丈法、“国土调查云”调查法逐一进行综合分析。

5.4.1 全野外解析法

采用全野外解析法进行权籍调查，在人员方面，投入 6 人进行外业宗地与房产测量，2 人进行权属调查，2 人进行质检；在设备方面，投入 1 台网络 GPS-RTK，2 台全站仪，2 台手持测距仪，1 把钢尺。完成整个工作用时 65 个工作日，花费直接成本 3.8 万元。

经统计，全野外解析法测得的界址点相对于图根点平面点位中误差为 ±0.045 m，小于 0.075 m；相对于相邻界址点间距误差为 ±0.035 m，小于 0.075 m。房产面积精度均满足《房产测量规范》三级面积精度的要求。

综合以上数据，全野外解析法需要的专业技术较多，技术难度较高，优点是精度高，成图快捷、准确，适合分散点山区居民点的测量。缺点是外业测绘工作量大，投入人力、物力较大，成本高；对房屋形状不规则或难以到达的，很难准确测绘宅基地宗地与房产面积。

5.4.2 二维图解+勘丈法

采用二维图解 + 勘丈法进行权籍调查，在人员方面，外业投入 2 人进行 1 天航飞（0.2 m 分辨率）与影像图处理，投入 4 人分两个组进行外业宗地与房产勘丈，并同步进行权属调查，2 人进行质检；在设备方面，投入 1 台网络 GPS-RTK，1 台无人飞机（大疆精灵 4），2 台平板电脑（华为 M4），2 台手持测距仪，1 把钢尺。完成整个工作用时 32 个工作日，花费直接成本 1.6 万元。

经统计，二维图解 + 勘丈法测得的界址点相对于邻近控制点平面点位中误差为 ±1.152 m，小于 1.2 m；相对于相邻界址点间距误差为 ±0.232 m，小于 0.3 m。房产面积精度均满足《房产测量规范》三级面积精度的要求。

综合以上数据，二维图解 + 勘丈法在测量、成图、调查一体化程度方面的优点比较明显，内业工作量少，适合房屋相对集中且植被遮挡较小的居民点测量。缺点是外业测绘工作量大，界址点位置精度难以保证，房屋与房屋界址点距离点精度难以保证，这也导致其在宅基地有植被遮挡的环境下难以准确测绘宅基地宗地与房产面积。此种情况的测量如图 5-3 所示。

图 5-3　二维图解 + 勘丈法测量缺点示意图

5.4.3 三维图解+勘丈法

采用倾斜摄影测量法进行权籍调查，在人员方面，投入 2 人进行外业航飞，

2 人进行内业宗地与房产解析，2 人进行权属调查，2 人进行质检；在设备方面，投入 1 台网络 GPS-RTK，2 台全站仪，1 台手持测距仪，1 把钢尺，大疆经纬 M300 RTK 无人机搭载赛尔 102S 五镜头倾斜摄影相机 1 套。完成整个工作用时 39 个工作日，花费直接成本约 3.4 万元。

经统计，三维图解 + 勘丈法测得的界址点相对于图根点平面点位中误差为 ±0.064 m，小于 0.25 m；相对于相邻界址点间距误差为 ±0.082 m，小于 0.020 m。房产面积精度均满足《房产测量规范》三级面积精度面积中误差的要求。

综合以上数据，倾斜摄影测量法的优点是精度高，外业工作量小，成图快捷、准确，成本较低；三维模型直观，老百姓可通过集中观看三维模型进行宗地红线指界，接受度高，界址签章顺利；且同步取得的正射影像图与三维模型能够为乡村振兴、移民搬迁、地质灾害、应急救援等提供基础保障影像资料。缺点是对居民点分散、稀疏的情况不适用，对农村房屋被钢棚、植被等遮挡严重的情况不适用，在禁飞区不适用，以上这几种情况仍需要进行调绘与补测。

5.4.4 “国土调查云”调查法

采用“国土调查云”调查法进行权籍调查，在人员方面，投入 3 人进行外业调查，2 人进行数据处理；在设备方面，投入平板电脑 2 台，1 台手持测距仪，1 把钢尺。完成整个工作用时 5 个工作日，花费直接成本约 0.75 万元。

该方法的优点是技术难度相对较低，完成时间快，耗费成本低，对于财政困难的县市，可以组织乡镇、村级干部培训后实施，基本可以满足国家对“两权”资料的入库与汇交工作的要求。缺点是测绘精度达不到发证要求。当精度达不到发证要求时，往往需要老百姓自行出资再次测绘，这样会增加农户负担。

第六章　数据库建设及质量控制

本章介绍的质量控制适用于贵州省农村宅基地使用权、宅基地使用权及房屋所有权、集体建设用地使用权、集体建设用地使用权及房屋所有权不动产登记数据的批量质量检查及入库工作。

6.1 建库要求

现势库数据（存量部分）、调查库数据（增量部分）均采用GDB格式，应遵循以下要求：

（1）依据《不动产登记数据库标准（试行）》及自然资源部对于数据汇交的相关要求，梳理分散于各历史时期的登记要求，对转换、补录、整合后的登记台账及扫描资料进行质量检查，建立宅基地和集体建设用地不动产登记数据库，统一与自然资源部进行汇交。

（2）依据《不动产登记数据库标准（试行）》等相关技术规范的要求，对宅基地和集体建设用地的新增调查数据进行质量检查，形成符合技术标准的宅基地和集体建设用地不动产登记调查数据库，通过登记生成登簿数据，实时与自然资源部进行汇交。

（3）完整性，遵守土地、房屋等数据库标准和规范的要求，对数据项进行补充和完善，确保规定的必选项和条件必选项内容完整。

（4）一致性，对于已登记发证的业务应保持入库数据与原登记台账信息一致。

（5）规范性，依据现行的不动产登记数据库标准进行整理建库，规范全省宅基地和集体建设用地不动产登记的空间数据、业务数据、档案数据。

质检及入库流程：各市（县）自然资源部门统一组织本行政辖区内的宅基地和集体建设用地不动产登记数据建设，并进行数据拼接、整理和自检。最终成果以县级为基本组织单元，若一个县级单元内有多家测绘单位共同完成，最小组织单元可细化到乡 / 镇。各市（县）不动产登记机构可在贵州省不动产统一登记云平台进行在线自检，完成后进行统一的离线检查（机器检查与人工抽查相结合），进行省级质检，检查通过后生成汇交包，各市（县）在登记系统中自行进行批量入库。

6.2 数据成果命名规则

数据成果命名规则如表 6-1 所示。

表 6-1　数据成果命名规则表

序号	要素分类	表（层）名	描述	几何特征	备注
1	空间要素	ZDJBXX	宗地基本信息	Polygon	
2		JZD	界址点	Point	
3		JZX	界址线	Polyline	
4		ZRZ	自然幢	Polygon	
5	属性要素	JSYDSYQ	建设用地使用权	属性表	
6		QLR	权利人	属性表	
7		LJZH	逻辑幢	属性表	
8		C	层	属性表	
9		H	户	属性表	
10		FDCQ2	房地产权	属性表	
11		DJSLSQXXB	登记受理申请信息表	属性表	
12		DJSJXXB	登记收件信息表	属性表	
13		DJSFXXB	登记收费信息表	属性表	
14		DJSHXXB	登记审核信息表	属性表	
15		DJSZXXB	登记缮证信息表	属性表	
16		DJFZXXB	登记发证信息表	属性表	
17		DJGDXXB	登记归档信息表	属性表	
18		SQRSXXXB	申请人属性信息表	属性表	
注： 1. 农村宅基地使用权增量数据填写 1~3 和 6，存量数据填写 1~3、5~6、11~18。 2. 宅基地使用权及房屋所有权增量数据填写 1~4、6~9，存量数据填写 1~18。 3. 集体建设用地使用权增量数据填写 1~3 和 6，存量数据填写 1~3、5~6、11~18。 4. 集体建设用地使用权及房屋所有权增量数据填写 1~4、6~9，存量数据填写 1~18。					

6.2.1 不动产登记数据资料文件组织结构图

宅基地使用权、集体建设用地使用权增量数据文件组织结构如图 6-1 所示。

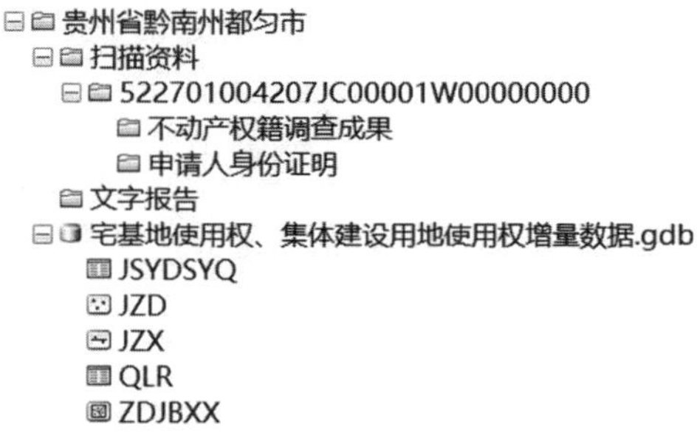

- 贵州省黔南州都匀市
  - 扫描资料
    - 522701004207JC00001W00000000
      - 不动产权籍调查成果
      - 申请人身份证明
  - 文字报告
  - 宅基地使用权、集体建设用地使用权增量数据.gdb
    - JSYDSYQ
    - JZD
    - JZX
    - QLR
    - ZDJBXX

图 6-1　宅基地、集体建设用地使用权增量数据文件组织结构图

宅基地使用权、集体建设用地使用权存量数据文件组织结构如图 6-2 所示。

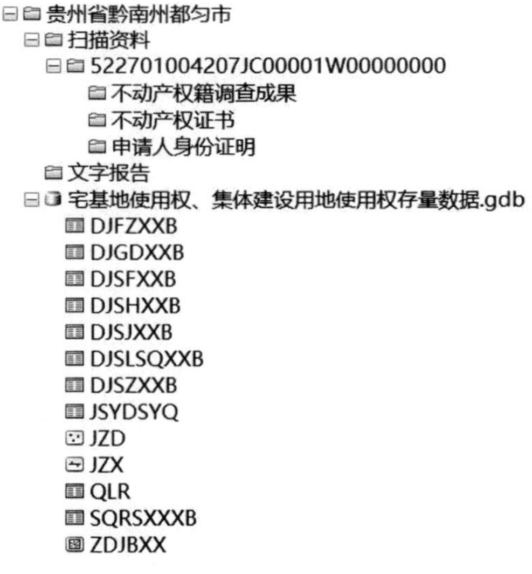

- 贵州省黔南州都匀市
  - 扫描资料
    - 522701004207JC00001W00000000
      - 不动产权籍调查成果
      - 不动产权证书
      - 申请人身份证明
  - 文字报告
  - 宅基地使用权、集体建设用地使用权存量数据.gdb
    - DJFZXXB
    - DJGDXXB
    - DJSFXXB
    - DJSHXXB
    - DJSJXXB
    - DJSLSQXXB
    - DJSZXXB
    - JSYDSYQ
    - JZD
    - JZX
    - QLR
    - SQRSXXXB
    - ZDJBXX

图 6-2　宅基地、集体建设用地使用权存量数据文件组织结构图

宅基地使用权及房屋所有权、集体建设用地使用权及房屋所有权增量数据文件组织结构如图 6-3 所示。

贵州省黔南州都匀市
  扫描资料
    522701004207JC00001F00010001
      不动产权籍调查成果
      申请人身份证明
  文字报告
  宅基地使用权及房屋所有权、集体建设用地使用权及房屋所有权增量数据.gdb
    C
    H
    JZD
    JZX
    LJZH
    QLR
    ZDJBXX
    ZRZ

图 6-3　房屋所有权增量组织结构图

宅基地使用权及房屋所有权、集体建设用地使用权及房屋所有权存量数据文件组织结构如图 6-4 所示。

贵州省黔南州都匀市
  扫描资料
    522701004207JC00001F00010001
      不动产权籍调查成果
      不动产权证书
      申请人身份证明
  文字报告
  宅基地使用权及房屋所有权、集体建设用地使用权及房屋所有权存量数据.gdb
    C
    DJFZXXB
    DJGDXXB
    DJSFXXB
    DJSHXXB
    DJSJXXB
    DJSLSQXXB
    DJSZXXB
    FDCQ2
    H
    JSYDSYQ
    JZD
    JZX
    LJZH
    QLR
    SQRSXXXB
    ZDJBXX
    ZRZ

图 6-4　房屋所有权存量组织结构图

6.2.2 数据库表结构描述

1. 数据库表结构描述

（1）宗地基本信息属性结构如表 6-2 所示。

表 6-2 宗地基本信息属性结构描述表（表名：ZDJBXX）

序号	字段代码	字段名称	字段类型	值域	备注
1	ZDDM	宗地代码	char(19)		
2	YBZDDM	预编宗地代码	char(38)		
3	BDCDYH	不动产单元号	char(28)		
4	ZDTZM	宗地特征码	char(2)	F.21 宗地（宗海）特征码字典表	
5	ZL	坐落	char(200)		
6	ZDMJ	宗地面积	Float(15,2)	＞0	实际使用面积
7	MJDW	面积单位	char(8)	F.4 面积单位字典表	
8	YT	用途	char(200)		见本表注 1
9	DJ	等级	char(8)	F.23 土地等级字典表	
10	JG	价格（万元）	Float(15,2)	＞=0	
11	QLLX	权利类型	char(8)	F.5 权利类型字典表	
12	QLXZ	权利性质	char(8)	F.6 权利性质字典表	
13	QLSDFS	权利设定方式	char(8)	F.7 权利设定方式字典表	
14	RJL	容积率	char(200)	＞0	
15	JZMD	建筑密度	Float(5,2)	[0,1]	
16	JZXG	建筑限高	Float(5,2)	＞0	
17	ZDSZD	宗地四至东	char(400)		
18	ZDSZX	宗地四至西	char(400)		
19	ZDSZB	宗地四至北	char(400)		
20	ZDSZN	宗地四至南	char(400)		
21	TFH	图幅号	char(118)		
22	DJH	地籍号	char(40)		
23	BZ	备注	char(2000)		
24	QXDM	区县代码	char(8)	F.24 区县代码字典表	

续表

序号	字段代码	字段名称	字段类型	值域	备注
25	HDDJMJ	批准面积	Float(15,2)		
26	SJLY	数据来源	char(2)	F.1 数据来源字典表	
注 1：土地用途宜执行《土地利用现状分类》（GBT 21010-2017）。“用途”应填写本宗地内主要用途的二级类编码。“用途名称”应填写本宗地内所有用途的二级类名称。当有多个用途时，应使用“/”分开。					

（2）界址点属性结构如表 6-3 所示。

表 6-3　界址点属性结构描述表（表名：JZD）

序号	字段代码	字段名称	字段类型	值域	备注
1	SXH	顺序号	char(20)		
2	JZDH	界址点号	char(40)		
3	JBLX	界标类型	char(2)	F.3 界标类型字典表	
4	JZDLX	界址点类型	char(2)	F.2 界址点类型字典表	
5	YZBZ	Y 坐标	Float(14,4)		
6	XZBZ	X 坐标	Float(14,4)		
7	ZDDM	宗地代码	char(19)		

（3）界址线属性结构如表 6-4 所示。

表 6-4　界址线属性结构描述表（表名：JZX）

序号	字段代码	字段名称	字段类型	值域	备注
1	SXH	顺序号	Int(5)	＞0	
2	JZXCD	界址线长度	Float	＞0	
3	JZXLB	界址线类别	char(2)	F.29 界址线类别字典表	
4	JZXWZ	界址线位置	char(1)	F.28 界址线位置字典表	
5	JXXZ	界线性质	char(1)	F.27 界线性质字典表	
6	QSJXXYSBH	权属界线协议书编号	char(200)		
7	QSJXXYS	权属界线协议书	char(200)		
8	QSZYYYSBH	权属争议原由书编号	char(200)		

续表

序号	字段代码	字段名称	字段类型	值域	备注
9	QSZYYYS	权属争议原由书	char(200)		
10	ZDDM	宗地代码	char(19)		
11	QSDH	起始界址点号	char(40)		
12	ZZDH	终止界址点号	char(40)		

（4）建设用地使用权属性结构如表 6-5 所示。

表 6-5 建设用地使用权属性结构描述表（表名：JSYDSYQ）

序号	字段代码	字段名称	字段类型	值域	备注
1	ZDDM	宗地代码	char(19)		
2	BDCDYH	不动产单元号	char(28)		
3	QLLX	权利类型	char(20)	F.5 权利类型字典表	
4	DJLX	登记类型	char(20)	F.14 登记类型字典表	
5	DJYY	登记原因	char(400)		
6	SYQMJ	使用权面积	Float(15,2)	＞0	
7	SYQQSSJ	使用权起始时间	date		
8	SYQJSSJ	使用权结束时间	date		
9	QDJG	取得价格	Float(15,4)	＞=0	
10	BDCQZH	不动产权证号	char(2000)		
11	QXDM	区县代码	char(12)	F.24 区县代码字典表	
12	DJJG	登记机构	char(100)		
13	DBR	登簿人	char(100)		
14	DJSJ	登记时间	date		
15	FJ	附记	char(2000)		
16	QSZT	权属状态	char(20)	F.15 权属状态字典表	
17	DJID	登记 ID	Int(10)		登记 ID 在表中为唯一值
注 1：登记 ID 用于关联权利人表和 11~18 登记信息表，表中的登记 ID 必须是唯一值，且不能与 FDCQ2 表中的 DJID 重复。					

（5）权利人属性权属性结构如表 6-6 所示。

表 6-6　权利人属性结构描述表（表名：QLR）

序号	字段代码	字段名称	字段类型	值域	备注
1	BDCDYH	不动产单元号	char(28)		
2	DJID	登记 ID	Int(10)		表中可以存在相同的登记 ID
3	SXH	顺序号	Int(4)	＞0	
4	QLRMC	权利人	char(2000)		
5	BDCQZH	不动产权证号	char(2000)		见本表注 1
6	ZJZL	证件种类	char(20)	F.16 证件种类字典表	
6	ZJH	证件号码	char(162)		
7	FZJG	发证机关	char(200)		
8	SSHY	所属行业	char(20)	F.19 所属行业字典表	
9	GJ	国家	char(20)		
10	HJSZSS	户籍所在省市	char(20)		
11	XB	性别	char(20)	F.20 性别字典表	
12	DH	电话	char(100)		
13	DZ	地址	char(400)		
14	YB	邮编	char(100)		
15	GZDW	工作单位	char(200)		
16	DZYJ	电子邮件	char(100)		
17	QLRLX	权利人类型	char(20)	F.18 权利人类型字典表	
18	QLBL	权利比例	char(200)		
19	GYFS	共有方式	char(20)	F.17 共有方式字典表	
20	GYQK	共有情况	char(400)		
21	BZ	备注	char(2000)		

注 1：登记 ID 用于关联登记业务信息，当业务存在多个权利人时，权利人表就存在多条记录，此时，登记 ID 相同，权利人信息不同。

注 2：增量数据可不填写登记 ID。

（6）自然幢属性结构如表 6-7 所示。

表 6-7 自然幢属性结构描述表（表名：ZRZ）

序号	字段代码	字段名称	字段类型	值域	备注
1	ZRZH	自然幢号	char(40)		
2	BDCDYH	不动产单元号	char(28)		
3	ZDDM	宗地代码	char(29)		
4	XMMC	项目名称	char(400)		
5	JZWMC	建筑物名称	char(100)		
6	JGRQ	竣工日期	date		
7	JZWGD	建筑物高度	Float(15,2)	＞0	
8	ZZDMJ	幢占地面积	Float(15,3)	＞0	
9	ZYDMJ	幢用地面积	Float(15,3)	＞0	
10	YCJZMJ	预测建筑面积	Float(15,3)	＞0	
11	SCJZMJ	实测建筑面积	Float(15,3)	＞0	
12	ZCS	总层数	Int(4)	＞0	
13	DSCS	地上层数	Int(4)	＞=0	
14	DXSD	地下深度	Float(15,2)	＞=0	
15	DXCS	地下层数	Int(4)	＞=0	
16	GHYT	规划用途	char(2)	F.11 房屋用途字典表	
17	FWJG	房屋结构	char(2)	F.22 房屋结构字典表	
18	ZTS	总套数	Int(6)	＞0	
19	JZWJBYT	建筑物基本用途	char(400)		
20	BZ	备注	char(400)		

（7）逻辑幢属性结构如表 6-8 所示。

表 6-8 逻辑幢属性结构描述表（表名：LJZH）

序号	字段代码	字段名称	字段类型	值域	备注
1	LJZH	逻辑幢号	char(40)		
2	ZRZH	自然幢号	char(40)		
3	MPH	门牌号	char(400)		

续表

序号	字段代码	字段名称	字段类型	值域	备注
4	YCJZMJ	预测建筑面积	Float(15,3)	＞=0	
5	YCDXMJ	预测地下面积	Float(15,3)	＞=0	
6	YCQTMJ	预测其他面积	Float(15,3)	＞=0	
7	SCJZMJ	实测建筑面积	Float(15,3)	＞=0	
8	SCDXMJ	实测地下面积	Float(15,3)	＞=0	
9	SCQTMJ	实测其他面积	Float(15,3)	＞=0	
10	JGRQ	竣工日期	date		
11	FWJG1	房屋结构 1	char(4)	F.22 房屋结构字典表	
12	FWJG2	房屋结构 2	char(4)	F.22 房屋结构字典表	
13	FWJG3	房屋结构 3	char(4)	F.22 房屋结构字典表	
14	JZWZT	建筑物状态	char(20)	F.36 建筑物状态字典表	
15	FWYT1	房屋用途 1	char(20)	F.11 房屋用途字典表	
16	FWYT2	房屋用途 2	char(20)	F.11 房屋用途字典表	
17	FWYT3	房屋用途 3	char(20)	F.11 房屋用途字典表	
18	ZCS	总层数	Int(4)		
19	DSCS	地上层数	Int(4)		
20	DXCS	地下层数	Int(4)		
21	BZ	备注	char(2000)		

（8）层属性结构如表 6-9 所示。

表 6-9　层属性结构描述表（表名：C）

序号	字段代码	字段名称	字段类型	值域	备注
1	SJC	实际层	Int(3)		见本表注 2
2	CH	层号	char(20)		
3	ZRZH	自然幢号	char(40)		见本表注 1
4	LJZH	逻辑幢号	char(40)		
5	MYC	名义层	char(100)		见本表注 2
6	CJZMJ	层建筑面积	Float(15,3)	＞0	
7	CTNJZMJ	层套内建筑面积	Float(15,3)	＞0	

续表

序号	字段代码	字段名称	字段类型	值域	备注
8	CYTMJ	层阳台面积	Float(15,3)	＞=0	
9	CGYJZMJ	层共有面积	Float(15,3)	＞=0	
10	CFTJZMJ	层分摊建筑面积	Float(15,3)	＞=0	
11	CBQMJ	层半墙面积	Float(15,3)	＞0	
12	CG	层高	Float(15,2)	＞0	
13	SPTYMJ	水平投影面积	Float(15,3)	＞0	
注1：自然幢号字段引用自然幢的自然幢号字段，一个自然幢可包含多个层。 注2：实际层字段表示户所在的具体层，地上从1开始向上递增，地下从－1开始向下递减。名义层是因避讳或习惯需要而采用的文字表达。					

（9）户属性结构如表6-10所示。

表6-10　户属性结构描述表（表名：H）

序号	字段代码	字段名称	字段类型	值域	备注
1	FWBM	房屋编码	char(100)		
2	ZRZH	自然幢号	char(40)		见本表注1
3	LJZH	逻辑幢号	char(40)		见本表注1
4	CH	层号	char(20)		见本表注1
5	ZL	坐落	char(200)		
6	MJDW	面积单位	char(20)	F.4面积单位字典表	
7	SZDY	所在单元	Int(4)		
8	SJCS	实际层数	Int(4)	＞0	见本表注2
9	HH	户号	char(80)	＞0	
10	HXJG	户型结构	char(20)	F.10户型结构字典表	
11	FWJG	房屋结构	char(20)	F.22房屋结构字典表	
12	SHBW	室号部位	char(40)		
13	FWYT1	房屋用途1	char(20)	F.11房屋用途字典表	
14	FWYT2	房屋用途2	char(20)	F.11房屋用途字典表	
15	FWYT3	房屋用途3	char(20)	F.11房屋用途字典表	
16	YCJZMJ	预测建筑面积	Float(15,2)	＞=0	

续表

序号	字段代码	字段名称	字段类型	值域	备注
17	YCTNJZMJ	预测套内建筑面积	Float(15,2)	＞=0	
18	YCFTJZMJ	预测分摊建筑面积	Float(15,2)	＞=0	
19	YCDXBFJZMJ	预测地下部分建筑面积	Float(15,2)	＞=0	
20	YCQTJZMJ	预测其他建筑面积	Float(15,2)	＞=0	
21	YCFTXS	预测分摊系数	Float(15,6)	＞=0	
22	SCJZMJ	实测建筑面积	Float(15,3)	＞=0	
23	SCTNJZMJ	实测套内建筑面积	Float(15,3)	＞=0	
24	SCFTJZMJ	实测分摊建筑面积	Float(15,3)	＞=0	
25	SCDXBFJZMJ	实测地下部分建筑面积	Float(15,3)	＞=0	
26	SCQTJZMJ	实测其他建筑面积	Float(15,3)	＞=0	
27	SCFTXS	实测分摊系数	Float(15,6)	＞=0	
28	GYTDMJ	共有土地面积	Float(15,3)	＞=0	
29	FTTDMJ	分摊土地面积	Float(15,3)	＞=0	
30	DYTDMJ	独用土地面积	Float(15,3)	＞=0	
31	FWLX	房屋类型	char(20)	F.12 房屋类型字典表	
32	FWXZ	房屋性质	char(40)	F.13 房屋性质字典表	
33	BDCDYH	不动产单元号	char(28)		
34	ZDDM	宗地代码	char(19)		
35	JGSJ	竣工时间	date		
36	HX	户型	char(20)	F.9 户型字典表	
注 1：层号、逻辑幢号、自然幢号是户的附加属性，用于关联户所在的层、逻辑幢、自然幢。 注 2：当有复式结构时，用实际层数字段表示，默认值为 1。 注 3：户号字段表示一个层当中的户顺序号。					

（10）房地产属性结构如表 6-11 所示。

表 6-11 房地产权属性结构描述表（表名：FDCQ2）

序号	字段代码	字段名称	字段类型	值域	备注
1	TDSYQR	土地使用权人	char(500)		
2	BDCDYH	不动产单元号	char(28)		

续表

序号	字段代码	字段名称	字段类型	值域	备注
3	QLLX	权利类型	char(20)	F.5 权利类型字典表	
4	DJLX	登记类型	char(20)	F.14 登记类型字典表	
5	DJYY	登记原因	char(400)		
6	FDZL	房地坐落	char(400)		
7	DYTDMJ	独用土地面积	Float(15,2)		
8	BDCQZH	不动产权证号	char(2000)		
9	QXDM	区县代码	char(12)	F.24 区县代码字典表	
10	DJJG	登记机构	char(100)		
11	DBR	登簿人	char(100)		
12	DJSJ	登记时间	date		
13	FJ	附记	char(2000)		
14	QSZT	权属状态	char(20)	F.15 权属状态字典表	
15	FDCJYJG	房地产交易价格	Float(15,4)		
16	FTTDMJ	分摊土地面积	Float(15,2)		
17	GHYT	规划用途	char(20)	F.11 房屋用途字典表	
18	FWXZ	房屋性质	char(20)	F.13 房屋性质字典表	
19	FWJG	房屋结构	char(20)	F.22 房屋结构字典表	
20	SZC	所在层	Int(4)	＞0	
21	ZCS	总层数	Int(4)	＞0	
22	ZYJZMJ	专有建筑面积	Float(15,2)	＞0	
23	FTJZMJ	分摊建筑面积	Float(15,2)	＞0	
24	JGSJ	竣工时间	char(100)		
25	JZMJ	建筑面积	Float(15,2)	＞0	
26	DJID	登记 ID	Int(10)		登记 ID 在表中为唯一值
注 1：登记 ID 用于关联权利人表和 11~18 登记信息表，表中登记 ID 必须是唯一值，且不能与 JSYDSYQ 表中的 DJID 重复。					

（11）登记受理申请信息如表 6-12 所示。

表 6-12　登记受理申请信息描述表（表名：DJSLSQXXB）

序号	字段代码	字段名称	字段类型	值域	备注
1	DJDL	登记大类	char(4)	F.14 登记类型字典表	
2	QXDM	区县代码	char(6)	F.24 区县代码字典表	
3	SQZSBS	申请证书版式	Int(2)	F.33 证书样式字典表	
4	SQFBCZ	申请分别持证	Int(2)	F.25 是否字典表	
5	SLRY	受理人员	char(50)		
6	SLSJ	受理时间	date		
7	DJID	登记 ID	Int(10)		登记 ID 在表中为唯一值
注 1：登记 ID 用于关联权利表中的登记 ID，且为一一对应关系。					

（12）登记收件信息如表 6-13 所示。

表 6-13　登记收件信息描述表（表名：DJSJXXB）

序号	字段代码	字段名称	字段类型	值域	备注
1	SJSJ	收件时间	date		
2	SJLX	收件类型	char(4)	F.26 收件类型典表	
3	SJMC	收件名称	char(100)		
4	SJSL	收件数量	Int(4)	＞0	
5	SFSJSY	是否收缴收验	char(2)	F.25 是否字典表	
6	SFEWSJ	是否额外收件	char(2)	F.25 是否字典表	
7	SFBCSJ	是否补充收件	char(2)	F.25 是否字典表	
8	QXDM	区县代码	char(6)	F.24 区县代码字典表	
9	DJID	登记 ID	Int(10)		登记 ID 在表中为唯一值
注 1：登记 ID 用于关联权利表中的登记 ID，且为一一对应关系。					

（13）登记收费信息如表 6-14 所示。

表 6-14　登记收费信息表描述表（表名：DJSFXXB）

序号	字段代码	字段名称	字段类型	值域	备注
1	JFRY	计费人员	char(50)		
2	JFRQ	计费日期	date		
3	SFKMMC	收费科目名称	char(50)		
4	SFEWSF	是否额外收费	char(2)	F.25 是否字典表	
5	SFJS	收费基数	Float (20,4)	＞ 0	
6	SFLX	收费类型	char(2)	F.30 收费类型字典表	
7	YSJE	应收金额	Float(20,4)		
8	SFRY	收费人员	char(50)		
9	SFRQ	收费日期	date		
10	FFF	付费方	char(1)	F.31 付费方字典表	
11	SJFFR	实际付费人	char(50)		
12	SSJE	实收金额	Float(20,4)		
13	SFDW	收费单位	char(50)		
14	QXDM	区县代码	char(6)	F.24 区县代码字典表	
15	DJID	登记 ID	Int(10)		登记 ID 在表中为唯一值
注 1：登记 ID 用于关联权利表中的登记 ID，且为一一对应关系。					

（14）登记审核信息如表 6-15 所示。

表 6-15　登记审核信息表描述表（表名：DJSHXXB）

序号	字段代码	字段名称	字段类型	值域	备注
1	JDMC	节点名称	char(50)	F.34 审核岗位字典表	
2	SXH	顺序号	Int(4)		
3	SHRYXM	审核人员姓名	char(50)		
4	SHKSSJ	审核开始时间	date		
5	SHJSSJ	审核结束时间	date		
6	SHYJ	审核意见	char(500)		
7	CZJG	操作结果	char(2)	F.32 审核意见操作结果字典表	

续表

序号	字段代码	字段名称	字段类型	值域	备注
8	QXDM	区县代码	char(6)	F.24 区县代码字典表	
9	DJID	登记 ID	Int(10)		
注 1：登记 ID 用于关联权利表中的登记 ID，同一登记 ID 可同时存在初审、复审、核定与登簿等多个岗位。					

（15）登记缮证信息如表 6-16 所示。

表 6-16　登记缮证信息描述表（表名：DJSZXXB）

序号	字段代码	字段名称	字段类型	值域	备注
1	SZMC	缮证名称	char(50)		
2	SZZH	缮证证号	char(50)		
3	YSXLH	印刷序列号	char(100)		
4	SZRY	缮证人员	char(50)		
5	SZSJ	缮证时间	date		
6	BZ	备注	char(1000)		
7	QXDM	区县代码	char(6)	F.24 区县代码字典表	
8	DJID	登记 ID	Int(10)		登记 ID 在表中为唯一值
注 1：登记 ID 用于关联权利表中的登记 ID，且为一一对应关系。					

（16）登记发证信息如表 6-17 所示。

表 6-17　登记发证信息描述表（表名：DJFZXXB）

序号	字段代码	字段名称	字段类型	值域	备注
1	FZRY	发证人员	char(50)		
2	FZSJ	发证时间	date		
3	FZMC	发证名称	char(50)		
4	FZSL	发证数量	Int(4)		
5	HFZSH	核发证书号	char(100)		
6	LZRXM	领证人姓名	char(50)		
7	LZRZJLB	领证人证件类别	char(2)	F.16 证件种类字典表	
8	LZRZJHM	领证人证件号码	char(50)		

续表

序号	字段代码	字段名称	字段类型	值域	备注
9	QXDM	区县代码	char(6)	F.24 区县代码字典表	
10	DJID	登记 ID	Int(10)		登记 ID 在表中为唯一值
注 1：登记 ID 用于关联权利表中的登记 ID，且为一一对应关系。					

（17）登记归档信息如表 6-18 所示。

表 6-18　登记归档信息描述表（表名：DJGDXXB）

序号	字段代码	字段名称	字段类型	值域	备注
1	DJDL	登记大类	char(6)	F.14 登记类型字典表	
2	DJXL	登记小类	Int(3)	F.35 登记小类字典表	
3	ZL	坐落	char(200)		
4	QZHM	权证号码	char(50)		
5	WJJS	文件件数	Int(4)		
6	ZYS	总页数	Int(4)		
7	GDRY	归档人员	char(50)		
8	GDSJ	归档时间	date		
9	BZ	备注	char(1000)		
10	QXDM	区县代码	char(6)	F.24 区县代码字典表	
11	DJID	登记 ID	Int(10)		登记 ID 在表中为唯一值
注 1：登记 ID 用于关联权利表中的登记 ID，且为一一对应关系。					

（18）申请人属性信息如表 6-19 所示。

表 6-19　申请人属性信息描述表（表名：SQRSXXXB）

序号	字段代码	字段名称	字段类型	值域	备注
1	QLRMC	权利人名称	char(50)		
2	QXDM	区县代码	char(6)	F.24 区县代码字典表	
3	DJID	登记 ID	Int(10)		登记 ID 在表中为唯一值
注 1：登记 ID 用于关联权利表中的登记 ID，且为一一对应关系。					

2. 附录字典表

表 6-20~ 表 6-55 为附录字典表。

表 6-20 数据来源字典表

代码	数据来源
1	图解法
2	勘丈法
3	解析法
4	国土调查云

表 6-21 界址点类型字典表

代码	界址点类型
1	解析界址点
2	图解界址点
3	航测界址点
4	其它

表 6-22 界标类型字典表

代码	界标类型
1	钢钉
2	水泥桩
3	石灰桩
4	喷涂
5	瓷标志
6	无标志
7	其它

表 6-23　面积单位字典表

代码	面积单位
1	平方米
2	亩
3	公顷

表 6-24　权利类型字典表

代码	权利类型
1	集体土地所有权
2	国家土地所有权
3	国有建设用地使用权
4	国有建设用地使用权 / 房屋（构筑物）所有权
5	宅基地使用权
6	宅基地使用权 / 房屋（构筑物）所有权
7	集体建设用地使用权
8	集体建设用地使用权 / 房屋（构筑物）所有权
9	土地承包经营权
10	土地承包经营权 / 森林、林木所有权
11	林地使用权
12	林地使用权 / 森林、林木使用权
13	草原使用权
14	水域滩涂养殖权
15	海域使用权
16	海域使用权 / 构（建）筑物所有权
17	无居民海岛使用权
18	无居民海岛使用权 / 构（建）筑物所有权
19	地役权
20	取水权
21	探矿权
22	采矿权
99	其它权利

表 6-25　权利性质字典表

代码	权利性质
100	国有土地
101	划拨
102	出让
103	作价出资（入股）
104	国有土地租赁
105	授权经营
106	家庭承包
107	其它方式承包
200	集体土地
201	家庭承包
202	其它方式承包
203	批准拨用
204	入股
205	联营

表 6-26　权利设定方式字典表

代码	权利设定方式
1	地上
2	地表
3	地下

表 6-27　不动产单元状态字典表

代码	不动产单元状态
0	无效
1	有效

表 6-28　户型字典表

代码	户型
1	一居室
2	二居室
3	三居室
4	四居室
5	五居室
99	其它

表 6-29　户型结构字典表

代码	户型结构
1	平层
2	错层
3	复式楼
4	跃层
99	其它

表 6-30　房屋用途字典表

代码	房屋用途
10	住宅
11	成套住宅
111	别墅
112	高档公寓
12	非成套住宅
13	集体宿舍
20	工业、交通、仓储
21	工业
22	公共设施
23	铁路

续表

代码	房屋用途
24	民航
25	航运
26	公共运输
27	仓储
30	商业、金融、信息
31	商业服务
32	经营
33	旅游
34	金融保险
35	电讯信息
40	教育、医疗、卫生、科研
41	教育
42	医疗卫生
43	科研
50	文化、娱乐、体育
51	文化
52	新闻
53	娱乐
54	园林绿化
55	体育
60	办公
70	军事
80	其它
81	涉外
82	宗教
83	监狱
84	物管用房

表 6-31　房屋类型字典表

代码	房屋类型
1	住宅
2	商业用房
3	办公用房
4	工业用房
5	仓储用房
6	车库
99	其它

表 6-32　房屋性质字典表

代码	房屋性质
0	市场化商品房
1	动迁房
2	配套商品房
3	公共租赁住房
4	廉租住房
5	限价普通商品住房
6	经济适用住房
7	定销商品房
8	集资建房
9	福利房
99	其它

表 6-33　登记类型字典表

代码	登记类型
100	首次登记
200	转移登记
300	变更登记

续表

代码	登记类型
400	注销登记
500	更正登记
600	异议登记
700	预告登记
800	查封登记
900	其它登记

表 6-34　权属状态字典表

代码	权属状态
0	临时
1	现势
2	历史
3	终止
注：临时状态是指权利处于办理过程中，现势状态是指权利已经生效，历史状态是指上一手权利已经由于权利正常转移到下一手而结束，终止状态是指正在办理的权利非正常结束。	

表 6-35　证件种类字典表

代码	证件种类
1	身份证
2	港澳台身份证
3	护照
4	户口簿
5	军官证（士兵证）
6	组织机构代码
7	营业执照
99	其它

表 6-36　共有方式字典表

代码	共有方式
0	单独所有
1	共同共有
2	按份共有
3	其它共有

表 6-37　权利人类型字典表

代码	权利人类型
1	个人
2	企业
3	事业单位
4	国家机关
99	其它

表 6-38　所属行业字典表

代码	所属行业
1	交邮
2	金融
3	服务
4	地勘
5	工业
6	商业
7	房地产
8	农业
9	建筑
99	其它

表 6-39　性别字典表

代码	性别
1	男性
2	女性
3	不详

表 6-40　宗地（宗海）特征码字典表

代码	宗地（宗海）特征码
A	集体土地所有权宗地
B	建设用地使用权宗地（地表）
S	建设用地使用权宗地（地上）
X	建设用地使用权宗地（地下）
C	宅基地使用权宗地
D	土地承包经营权宗地（耕地）
E	土地承包经营权宗地（林地）
F	土地承包经营权宗地（草地）
H	海域使用权宗海
G	无居民海岛使用权
W	使用权未确定或有争议的土地或海域海岛
Y	其它使用权土地、海域、海岛

表 6-41　房屋结构字典表

代码	房屋结构
1	钢结构
2	钢和钢筋混凝土结构
3	钢筋混凝土结构
4	混合结构
5	砖木结构
6	其它结构

表 6-42　土地等级字典表

代码	名称
1	一类
2	二类
3	三类
4	四类
5	五类
6	六类
7	七类
8	八类
9	九类
10	十类

表 6-43　区县字典表

代码	区县
310101	某某市某某区
310103	……
……	……
注：本字典表采用《中华人民共和国行政区划代码》GB/T 2260，根据国家标准调整。	

表 6-44　是否字典表

代码	值
0	否
1	是

表 6-45　收件类型字典表

代码	收件类型
1	原件正本

续表

代码	收件类型
2	正本复印件
3	原件副本
4	副本复印件
5	手稿
99	其它

表 6-46　界线性质字典表

代码	界线性质
600001	已定界
600002	未定界
600003	争议界
600004	工作界
600009	其它
注：本表根据《基础地理信息分类代码》扩展原则进行扩展。	

表 6-47　界址线位置字典表

代码	界址线位置
1	内
2	中
3	外

表 6-48　界址线类别字典表

代码	界址线类别
1	围墙
2	墙壁
3	栅栏
4	铁丝网

续表

代码	界址线类别
5	滴水线
6	路涯线
7	两点连线
9	其它

表 6-49　收费类型字典表

代码	收费类型
1	按件
2	面积
3	金额
4	累进
5	按套
6	按证数据字典

表 6-50　付费方字典表

代码	付费方
1	甲方
2	乙方
3	双方

表 6-51　审核意见操作结果字典表

代码	审核意见操作结果
1	同意
2	回退
3	退件
4	转件

表 6-52　证书样式

代码	证书样式
0	单一版
1	集成版

表 6-53　审核岗位

代码	节点名称
0	初审
1	复审
2	核定
3	登簿

表 6-54　登记小类

代码	登记小类
0	宅基地使用权
1	宅基地使用权及房屋所有权
2	集体建设用地使用权
3	集体建设用地使用权及房屋所有权

表 6-55　建筑物状态字典表

代码	建筑物状态
1	历史
2	期房
3	现房
4	虚拟

6.3 建库技术路线

都匀市农村房地一体权籍调查项目采用的是广州南方测绘科技股份有限公司开发的农村房地一体权籍调查软件，结合 ArcGIS 运用。将信息挂接完整的地籍底图，通过内业软件导出所对应数据库的空间数据与属性数据，导出格式为 MDB 的数据库，再通过 ArcGIS 软件转换为 GDB 格式的数据库。

6.3.1 调查库增量数据

增量数据：已取得合法用地（房）手续，并满足不动产登记条件，还未录入贵州省不动产统一登记云平台的数据。

通过无人及航测作业区域，生产出符合房地一体项目使用的三位模型，通过使用南方软件 CASS 3D 房地一体内业软件解析三维模型解析，先作线划图解析，将房屋及其附属物、线状地物、房屋周边地貌地物解析出来，再外业实地核实解析数据精度，做好地籍测绘底图。如图 6-5 所示。

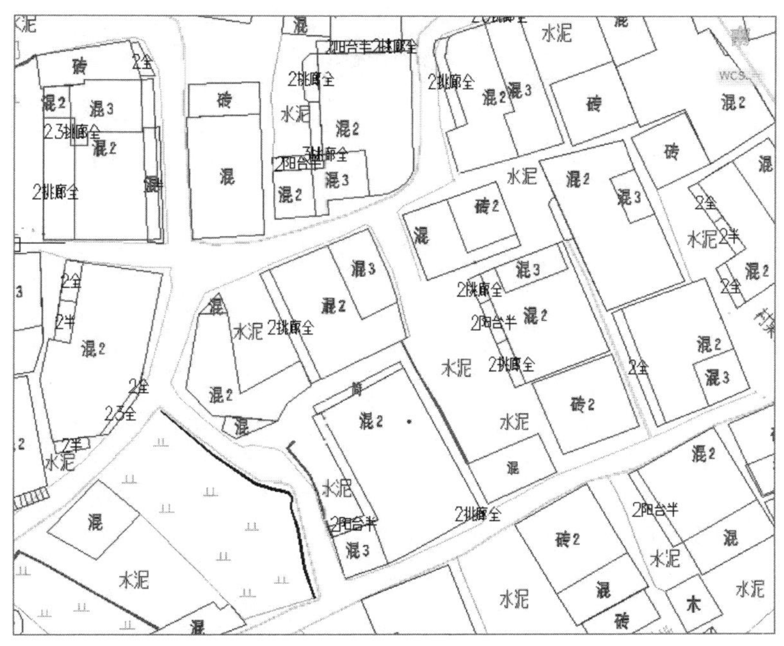

图 6-5　地籍底图

入户调查宗地权属及宅基地实际使用范围线，收集并扫描权利人身份证明材料。如图 6-6 所示。

图 6-6 入户调查照片

将收集到的权利人身份证明材料按图 6-7 和图 6-8 的格式要求，录入家庭成员调查表和权利人信息表所需信息。

家庭成员调查表				
户主	姓名		联系电话	
	身份证号			
	户口所在地			
	联系地址			
家庭成员	姓名	与户主关系	身份证号码	备注

图 6-7 家庭成员调查表

	B	C	D	E	F	G	H	I	J	K	L	M
1	权利人名称	权利人类型	证件种类	证件号	地址	性别	发证机关	电话	所属行业	国家/地区	户籍所在省市	邮编
3	QLR_QLRMC	QLR_QLRLX	QLR_ZJZL	QLR_ZJH	QLR_DZ	QLR_XB	QLR_FZJG	QLR_DH	QLR_SSHY	QLR_GJ	QLR_HJSZSS	QLR_YB
4												
5												
6												
7												

图 6-8　权利人信息表

绘制实际使用范围线，批准宗地红线，执行以下操作：将批准宗地红线使用复合线转权属线命令转换为权属线，生成自然幢边线，平铺楼层，创建面积实体，进行面积计算，则可以得到房屋的占地面积、宗地面积和建筑面积等信息，得到如图 6-9 所示的地籍底图。

图 6-9　地籍图

将录入的权利人信息表导入工程文件，使该宗地信息与该权利人信息挂接，填写该宗地的四至信息。如图 6-10 所示。

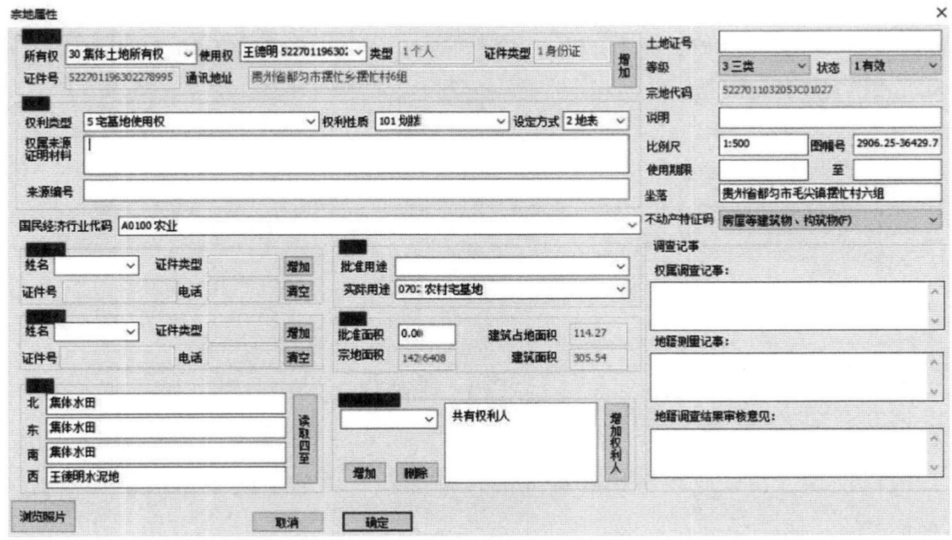

图 6-10　宗地属性图

挂接申请人身份证明材料、房屋照片、权属证明材料等。如图 6-11 所示。

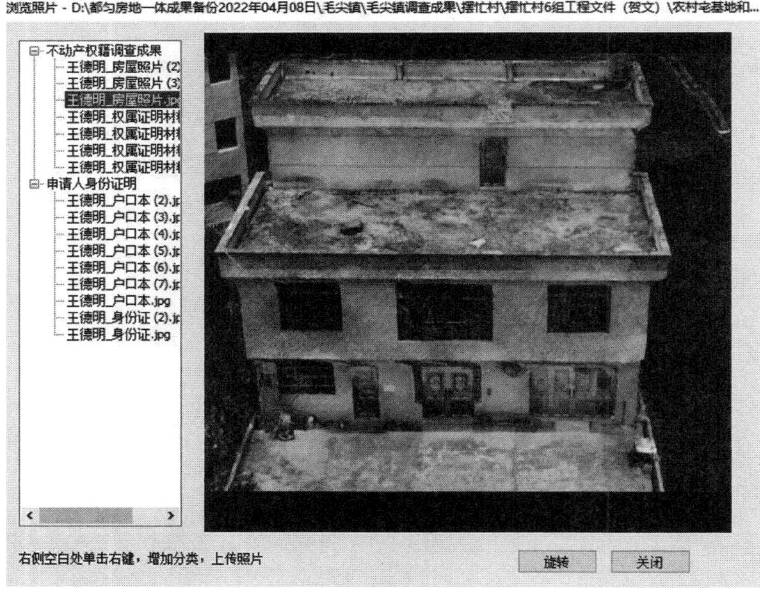

图 6-11　房屋照片

处理完内业数据后将调查的信息进行公示。如图 6-12 所示。

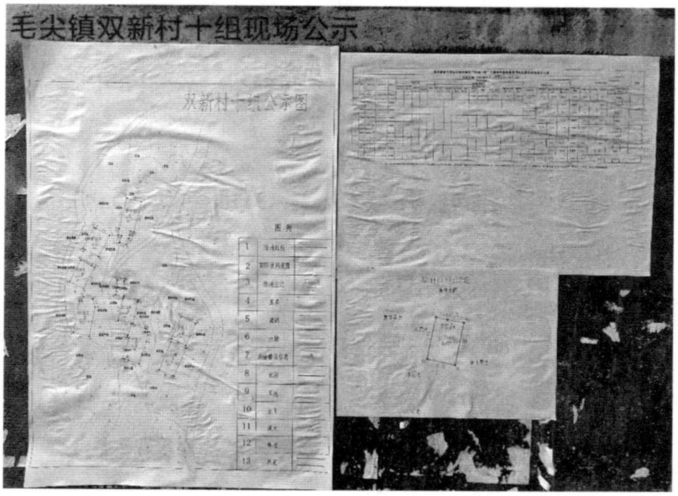

图 6-12　公示照片

公示无异议后进行资料出图，出库整理，导出宅基地使用权及房屋所用权增量数据库。

6.3.2 现势库数据建设路线

存量数据：在分散登记时期已经颁发过土地使用权证书或房屋所有权证书，但未录入贵州省不动产统一登记云平台的数据。

首先要对历史档案数据进行清理，清理后的数据必须与纸质档案资料进行核对，确保清理后的结果为最终有效数据，然后通过提取、检查、整理、关联、补充修正来规范化空间数据和属性数据，最后按照地籍区、地籍子区对各类登记档案进行整理、扫描、图像处理、编号和命名，形成规范的档案扫描资料并入库，对已有的登记信息进行补充完善，按照不重、不丢、不漏的原则整合成果，对于已登记发证的业务应保持入库数据与原登记台账信息一致。

都匀市房地一体权籍调查项目采用的建库软件是南方公司农村房地一体权籍调查内业软件与 ArcGIS 结合运用。在南方公司农村房地一体权籍调查软件中，勾选所需要的图层导出即可。如图 6-13 所示。

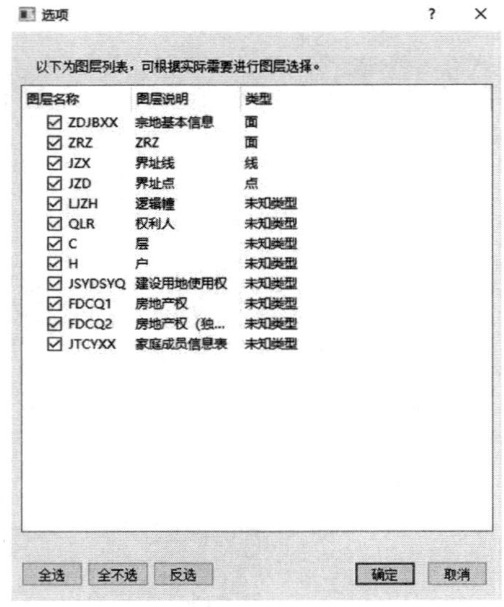

图 6-13　图层导出界面

导出结构为MDB的数据库，再通过ArcGIS软件转换为GDB格式的数据库。

6.4 数据库建设

由于目前南方房地一体权籍调查软件只能导出MDB格式数据库，而不动产登记需要GDB的数据格式，因此我们需要将MDB格式转换为GDB格式。在ArcGIS新建文件地理数据库GDB，将MDB的空间数据及属性数据通过导入要素类（多个）和导入表（多个）命令导入新建文件地理数据库中，使MDB格式数据库转化为GDB格式数据库。数据库矢量数据统一采用CGCS2000坐标系。

6.4.1 增量数据库的建设

GDB数据库建设的数据预处理：为实现批量生产，提高作业效率，将权籍底图分为房屋主体面积和附属物面积（阳台、挑廊等）。“混”代表混合结构房屋，数字代表层数，“全”代表计算全面积，“半”代表计算半面积。如图6-14所示。

图 6-14　地籍预处理图

绘制实际使用范围线，批准宗地红线，将批准宗地红线使用复合线转权属线命令转换为权属线（得到界址点和界址线），生成自然幢边线，平铺楼层，创建面积实体，进行面积计算，则可以得到房屋的占地面积、宗地面积和建筑面积等信息。根据宗地所在县级行政区、地籍区、地籍子区，赋予正确的宗地代码（为避免宗地代码与登记平台的已有宗地代码重复，要先与不动产登记中心核实已入库宗地代码。宗地代码重复会导致质检不通过，入不了登记中心平台），得到如图 6-15 所示的地籍底图。然后挂接申请人身份证明、房屋照片等相关材料。

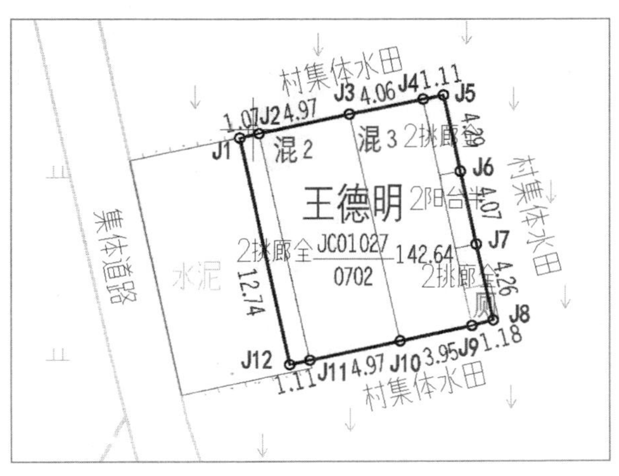

图 6-15　实际使用范围线绘制图

将绘制好的地籍底图通过南方房地一体内业建库软件处理，输出 MDB 数据库格式。如图 6-16 所示。

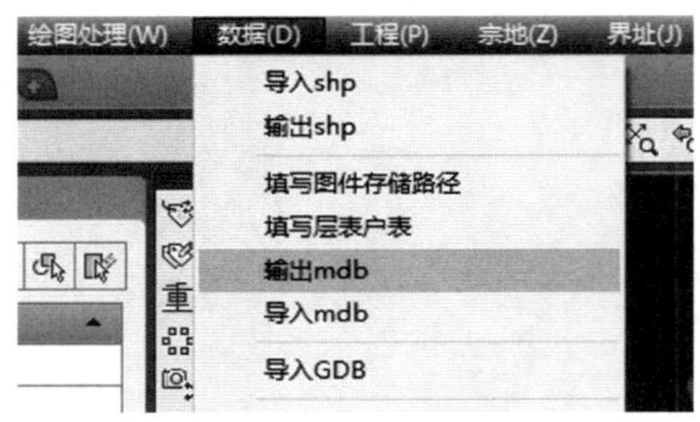

图 6-16　输出 MDB 界面

选择增量数据库所包含的空间数据及属性数据，如图 6-17 所示，点击“确定”后导出即可。

选项

以下为图层列表，可根据实际需要进行图层选择。

图层名称	图层说明	类型
☑ ZDJBXX	宗地基本信息	面
☑ ZRZ	ZRZ	面
☑ JZX	界址线	线
☑ JZD	界址点	点
☑ LJZH	逻辑幢	未知类型
☑ QLR	权利人	未知类型
☑ C	层	未知类型
☑ H	户	未知类型
☐ JSYDSYQ	建设用地使用权	未知类型
☐ FDCQ1	房地产权	未知类型
☐ FDCQ2	房地产权（独...	未知类型
☐ JTCYXX	家庭成员信息表	未知类型

全选　全不选　反选　确定　取消

图 6-17　选择图层界面

将 MDB 的空间数据及属性数据通过要素类（多个）和导入表（多个）命令导入新建文件地理数据库中。如图 6-18 所示。

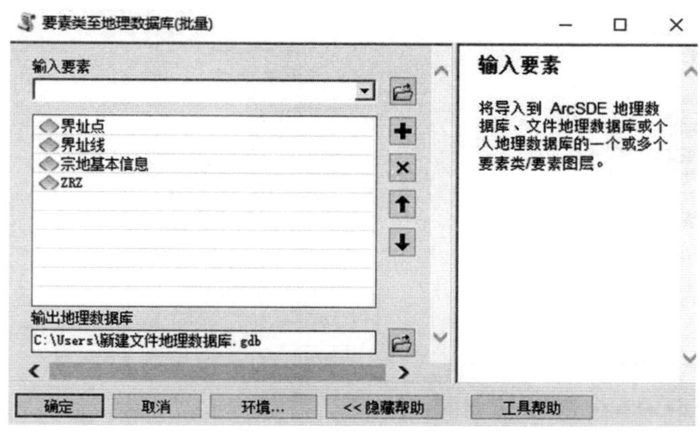

图 6-18　新建地理数据库

得到如图 6-19 所示的宅基地使用权及房屋所用权增量数据库 GDB 格式。

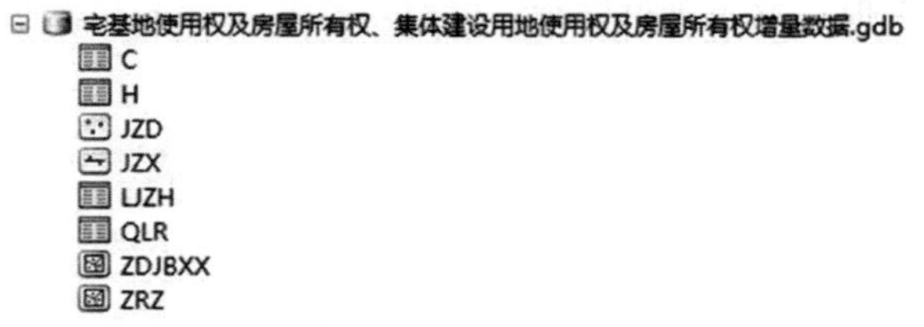

图 6-19　增量数据库

增量数据库的扫描数据资料包括不动产权籍调查成果及不动产申请身份证明。不动产权籍调查成果包括：不动产权籍调查表、不动产调查申请表、不动产测量报告、占耕图、公示照片、房屋照片、房屋调查表、指界通知书、公示无异议声明书、测绘及调查成果签字确认告知书、指界委托书、法人代表人证明、权属来源证明材料。

申请身份证明：户主身份证，户口本（包括家庭成员）。

将不动产权籍调查成果的各类文档资料的模板修改完善，与地籍底图相对应的宗地房产信息挂接，勾选需要导出的报表，点击“确定”即可导出得到对应的报表。如图 6-20 所示。

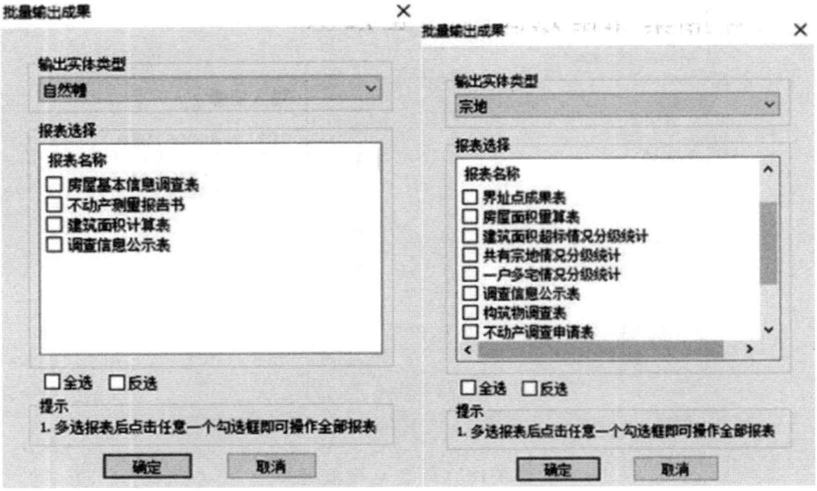

图 6-20　导出报表

将导出的各类报告及表进行检查、修改，核实无误后在对应的签章栏签字盖章，再将其扫描归档。

按照统一规范、易于识别的命名原则，对数据库成果（GDB）、扫描资料、文字报告、汇总表格以及其他资料成果进行规范性命名，对于扫描资料、文字报告以及其他资料，可用 JPG、PDF、DOC、XLS 等格式进行存储。最终提交的数据组织结构如图 6-21 所示。

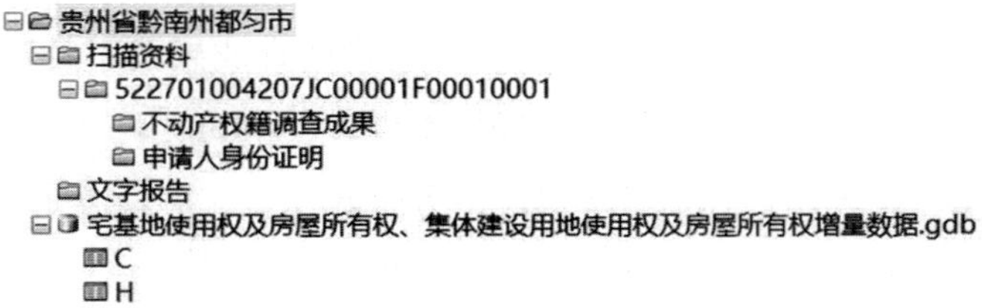

图 6-21　数据组织结构

6.4.2 存量数据库的建设

存量数据库（现势数据）的建设是将纸质的登记档案（已发证）矢量化，按照存量数据库的建库标准建库质检及入库。存量数据库建设的步骤如下：首先与乡镇自然资源所对接存量的工作情况，了解已发证件及档案存档情况，将宅基地与集体建设用地的档案资料进行清理，整理好宗地的一户一宗档案，档案按每个自然村寨或小组进行分类，每户档案扫描为JPG格式归档（一宗一档）。由于原始档案没有坐标信息，只有纸质档案，若需完全按照纸质档案信息将该宗地矢量化，可带着航测的三维模型与扫描的地籍档案去村组，核实每一宗地的实际位置。将界址点在对应的坐标点上表示出来，确保界址线边长一致、权利人信息一致、四至关系一致，将已发证档案信息矢量化并导入不动产登记中心登记库。原始档案信息如图6-22所示。

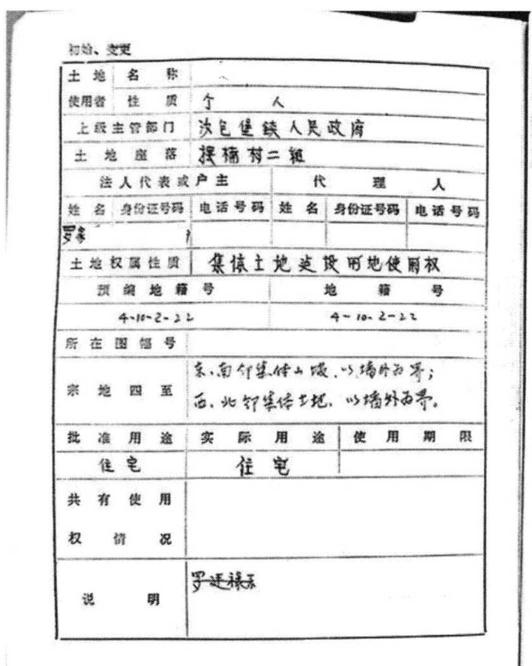

初始、变更

土地使用者	名称				
	性质	个人			
上级主管部门		[illegible]人民政府			
土地座落		[illegible]二组			
法人代表或户主			代理人		
姓名	身份证号码	电话号码	姓名	身份证号码	电话号码
[illegible]					
土地权属性质		集体土地建设用地使用权			
预编地籍号			地籍号		
4-10-2-22			4-10-2-22		
所在图幅号					
宗地四至		[illegible]			
批准用途		实际用途		使用期限	
住宅		住宅			
共有使用权情况					
说明		[illegible]			

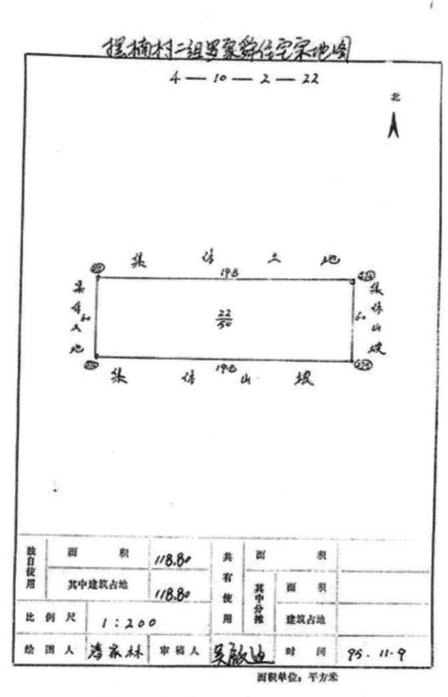

图6-22　原始档案信息

核实该宗地位置后，解析还原该宗地的地籍信息，如图 6-23 所示。

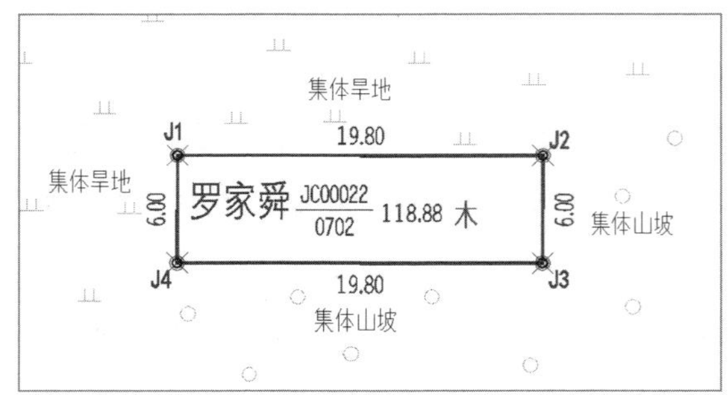

图 6-23　还原宗地图

导出该宗地数据（格式为 MDB 的数据库），再通过 ArcGIS 软件转换为 GDB 格式的数据库。

宅基地使用权存量数据库结构如图 6-24 所示。

图 6-24　宅基地使用权存量数据库结构

存量数据库的扫描数据资料包括不动产权籍调查成果、不动产申请身份证明、不动产权证书。

不动产权籍调查成果：宗地图。

不动产申请身份证明：身份证，户口本。

不动产权证书：地籍调查表、都匀市农村个人建房用地审批表、土地登记审批表、宅基地权属来源材料、已发证件（如建设用地许可证、集体土地建设用地使用证、不动产权证书等）。

以上证件均为扫描的电子档案（JPG 格式），最终提交的数据组织结构如图 6-25 所示。

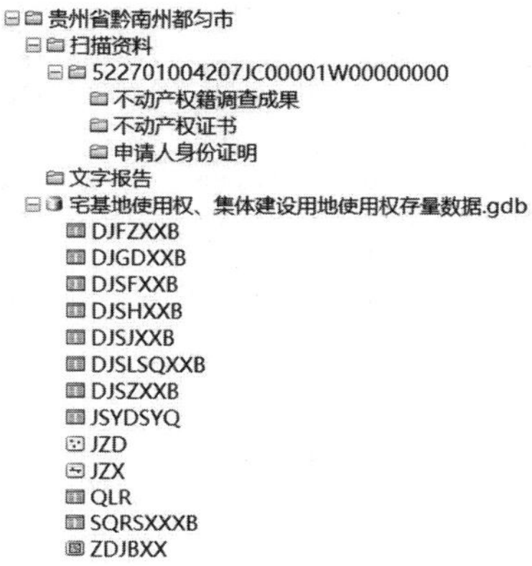

- 贵州省黔南州都匀市
  - 扫描资料
    - 522701004207JC00001W00000000
      - 不动产权籍调查成果
      - 不动产权证书
      - 申请人身份证明
  - 文字报告
  - 宅基地使用权、集体建设用地使用权存量数据.gdb
    - DJFZXXB
    - DJGDXXB
    - DJSFXXB
    - DJSHXXB
    - DJSJXXB
    - DJSLSQXXB
    - DJSZXXB
    - JSYDSYQ
    - JZD
    - JZX
    - QLR
    - SQRSXXXB
    - ZDJBXX

图 6-25 最终数据组织结构

6.5 质量控制

6.5.1 成果完整性检查

此类检查包括数据成果目录完整性、文件命名规范性、数据格式正确性以及数据有效性检查项，检查对象是所有提交资料。

6.5.2 空间数据质检

规范性检查包括图层名称规范性、空间数据结构一致性、空间数据代码唯一性、空间数据值域符合性、空间数据编号一致性以及空间数据字段必填项等检查项目，检查对象是所有的空间数据。

拓扑检查包括点、线、面层内的拓扑关系和层间拓扑关系，层间拓扑关系依据业务规则设定，检查对象是所有的空间数据。

6.5.3 业务数据质检

规范性检查包括属性表完整性、属性表结构一致性、属性表数值范围符合性、属性表字段必填项、图属间一致性、逻辑一致性、代码唯一性等检查项目。

检查对象是所有属性表，如图 6-26 所示。

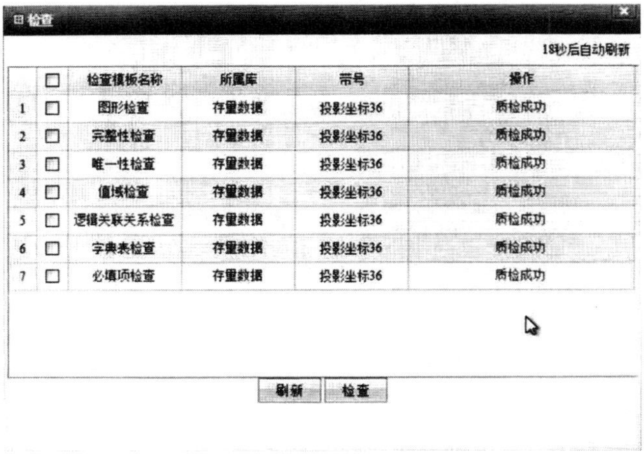

检查

18秒后自动刷新

		检查模板名称	所属库	带号	操作
1	□	图形检查	存量数据	投影坐标36	质检成功
2	□	完整性检查	存量数据	投影坐标36	质检成功
3	□	唯一性检查	存量数据	投影坐标36	质检成功
4	□	值域检查	存量数据	投影坐标36	质检成功
5	□	逻辑关联关系检查	存量数据	投影坐标36	质检成功
6	□	字典表检查	存量数据	投影坐标36	质检成功
7	□	必填项检查	存量数据	投影坐标36	质检成功

刷新 检查

图 6-26 检查属性

逻辑检查包括土地、房屋关联关系检查，业务逻辑检查，不动产登记主体、客体、权利的关联关系检查等检查项目。检查对象是所有属性表。

6.5.4 扫描数据质检

检查扫描资料如申请人身份证明、地籍调查成果、不动产权证书等必备资料是否缺失及格式是否正确。

第七章　成果数据汇交

根据《贵州省农村宅基地和集体建设用地地籍调查技术规程》，成果数据汇交分为在线汇交和离线汇交。

在线汇交：数据实时上传通过在线方式进行，各地不动产登记机构在日常登记业务中，通过质检软件和人工交互检查，对数据结构的一致性、字段代码的正确性、数值范围的符合性以及空间数据拓扑关系的正确性等进行核查，核对无误后，质检通过后通过FTP线上传输到省级部门核查，核查无误后省级部门会返回数据包，再将返回的数据包通过县级登记中心平台质检入库，通过不动产登记统一接入系统，在每一笔登记业务登簿的同时实时上传至省级和国家级信息平台。

离线汇交：按照《贵州省宅基地与集体建设用地不动产登记数据质检及入库规范》中规定的数据内容和格式等要求，另加实际使用范围图层（SJSYFW），该图层字段内容与宗地基本信息（ZDJBXX）保持一致。以光盘或硬盘等介质存储，将成果数据离线汇交至自然资源厅登记局。

7.1 汇交成果内容

本项工作的成果包含文档成果、控制测量成果、数据库成果、图件成果、宗地档案资料等。

1. 文档成果

包括工作实施方案、技术设计书、工作报告、技术总结、作业单位自检报告、县级检查验收报告及备案证明。

2. 控制测量成果

包括各等级控制点成果表（三、四等级和一、二等级控制点）、控制网点分布图、观测记录手簿、平差计算资料、各控制点点之记等。

3. 数据库成果

数据库包含地籍调查数据库和不动产登记数据库。地籍调查数据库覆盖所有已调查和已登记的宗地，不动产登记数据库覆盖全部符合登记发证的宗地。

4. 图件成果

（1）地籍图、宗地图和房产分户图（未开展房地一体的仅提交宗地图有关的资料），提供原始矢量格式 (DWG 和 SHP) 和 PDF 格式。

（2）影像相关资料，用作调查底图的正射影像图，IMG 或 TIF 格式。

5. 宗地档案

（1）权利人身份证明材料。

（2）权属来源证明材料。

（3）家庭成员信息表。

（4）告知书。

（5）调查资料：包括指界通知书或指界委托书、地籍调查表（附录 1）、房屋调查表及实地照片。

（6）调查结果公示资料：公示表、公示图以及公示相关的证明文件。

（7）其他权籍调查和登记相关的资料。

6. 栅格数据

包括农村宅基地和集体建设用地地籍调查工作所使用的各类遥感影像数据（如正射影像、倾斜摄影三维模型）、数字栅格地图等。

7.2 汇交要求

各县（市、区、特区）完成宅基地和集体建设用地登记发证后，需向贵州省自然资源厅汇交地籍调查数据库，以县为单位汇交。

（1）各县（市、区、特区）汇交的成果必须通过其所属县自然资源主管部门验收并出具验收意见。

（2）各地级以上市负责汇总所辖各县（市、区、特区）经过验收的成果，以县（市、区、特区）为单元组织汇交成果资料，并填写成果资料汇交清单，一式两份，以县级为单位将相关成果资料统一汇交至省自然资源厅。

（3）在线汇交成果按照《贵州省宅基地和集体建设用地不动产登记数据质检及入库规范》相关要求执行。

（4）离线汇交成果，需在在线汇交成果的基础上添加实际使用范围线图层，以涉密移动硬盘或光盘的形式进行存储，汇交至省自然资源厅。

7.3 汇交成果技术指标和内容

以县级行政区为单位进行组织，行政区名称及行政区代码必须符合《中华人民共和国行政区划代码》的规定，高新区、经济开发区等成果应纳入所属县级行政区汇交。

7.3.1 图层命名及属性结构

各图层命名、表格属性结构及字段内容严格按照《贵州省宅基地和集体建设用地不动产登记数据质检及入库规范》相关要求执行。

7.3.2 数据格式

数据库成果：包括现势库数据（存量部分）、调查库数据（增量部分），均采用 GDB 格式。

文档资料：采用 DOC 格式。

栅格数据：遥感正射影像采用 TIF 或 IMG 格式，三维模型采用 OSGB 格式。

其他成果：除控制测量成果、地籍图成果采用 DWG 或 SHP 格式外，其他资料均采用 PDF 格式。

成果应包括纸质加盖县级不动产登记局（机构）公章的报送公文 1 份和汇交资料清单 2 份、电子成果数据 1 份（拷贝介质可用 U 盘、移动硬盘）。

附　　录

附录 1　不动产登记申请书

<table>
<tr><td>预编号</td><td colspan="3"></td><td colspan="2">宗地代码</td><td colspan="3"></td></tr>
<tr><td>不动产单号</td><td colspan="8"></td></tr>
<tr><td rowspan="4">权利人</td><td colspan="2" rowspan="4"></td><td colspan="3">权利人类型</td><td colspan="3">□个人 □企业 □事业单位 □国家机关 □其他:</td></tr>
<tr><td colspan="3">证件种类</td><td colspan="3">□身份证 □户口簿 □其他:</td></tr>
<tr><td colspan="3">证件号</td><td colspan="3"></td></tr>
<tr><td colspan="3">联系电话</td><td colspan="3"></td></tr>
<tr><td rowspan="2">法定代表人或
负责人姓名</td><td colspan="2" rowspan="2"></td><td colspan="3">证件种类</td><td colspan="3">□身份证 □户口簿 □其他:</td></tr>
<tr><td colspan="3">证件号</td><td></td><td>电话</td><td></td></tr>
<tr><td rowspan="2">代理人姓名</td><td colspan="2" rowspan="2"></td><td colspan="3">证件种类</td><td colspan="3">□身份证 □户口簿 □其他:</td></tr>
<tr><td colspan="3">证件号</td><td></td><td>电话</td><td></td></tr>
<tr><td>坐落</td><td colspan="8"></td></tr>
<tr><td>权利类型</td><td colspan="8">□宅基地使用权及房屋所有权 □集体建设用地使用权及建筑物 / 构筑物所有权</td></tr>
<tr><td>权属来源证明材料</td><td colspan="8">□权利人身份证（法人代表）□户口本 □土地来源证明材料 □房屋合法产权证明（房产证）□村镇（庄）规划审批手续 □其他权源材料:</td></tr>
<tr><td>权利性质</td><td colspan="8">□批准拨用 □入股 □联营 □其他:</td></tr>
<tr><td>共有 / 共用权利人情况</td><td colspan="8"></td></tr>
<tr><td rowspan="2">批准用途</td><td colspan="3"></td><td rowspan="2">实际
用途</td><td colspan="4"></td></tr>
<tr><td>地类编码</td><td colspan="2"></td><td colspan="2">地类编码</td><td colspan="2"></td></tr>
<tr><td>批准面积</td><td></td><td colspan="2">宗地面积</td><td></td><td colspan="2">房屋竣工
时间</td><td colspan="2"></td></tr>
</table>

房屋性质	□自建房 □市场化商品房 □动迁房 □配套商品房 □公共租赁房 □廉租房 □限价普通商品住房 □经济适用住房 □定销商品房 □集资建房 □福利房 □保障性住房 □房改房 □其他

房屋状况	幢号	总层数	所在层	房屋结构	占地面积	建筑面积	专有建筑面积	分摊建筑面积	权属来源	墙体归属			
										东	南	西	北
合计													

注：1. 共有 / 共用权利人情况要全称填写共有 / 共用权利人的名称、类型、证件种类、证件号、通讯地址以及共有 / 共用情况。无共有 / 共用情况的不填。2. 批准用途与实际用途按照《土地利用现状分类》（GB/T 2010—2017）填写至二级类，一般宅基地填写“农村宅基地”，地类编码填“0702”。3. 房屋状况权属来源包括继承、分析、买受、受赠、交换、自建、翻建、征用、收购、调拨、价拨、拨用等。产权来源有两种以上的，应全部注明。

权属调查及不动产测量记事	本宗地依据权利人提供的及现场指界确认，经调查员核实，该宗地权属来源合法，界线清晰，四邻无争议。本房屋产权清晰，无争议。 调查员：　　　　日期： 该宗地及房屋根据XX单位提供的测量数据进行现场核查，面积准确，具体界址点及房屋权属界线详见宗地图和房屋平面图。 测量员：　　　　日期： 权籍调查单位（签章）

申请登记事项是本人真实意思表示，且申请登记的不动产已征得申请人的所有家庭成员同意，由本人作为（代理）权利人申请登记。

本人对不动产调查登记申请表的内容及提交的申请材料的真实性负责。如有不实，本人愿承担法律责任。

其他需要询问的有关事项：

申请人（签章）：

（权利人）
代理人（签章）：

年　　月　　日

附录 2　测绘及调查成果签字确认告知书

尊敬的权利人____________：

为保障您的切身利益，明确本次调查成果签字确认的目的，特将签字确认事宜告知如下：

本次签字主要是为了保证测绘及调查成果的真实性和准确性，请您认真核对本次初步调查草图的面积、四至、权利人基本信息是否真实和准确。

请您认真阅读本告知书内容后签字确认。

签字：

日期：

附录 3　公示无异议声明书

声明人（权利人姓名）________，性别_______，身份证号________________________，宗地代码________，坐落位于_______，系_______村民。

我已对__________________农村房屋不动产确权登记公示结果进行了认真核实，经我确认，特作如下声明：

1. 本宗权属信息无异议；

2. 本宗宅基地边界、房屋及附属设施边长无异议；

3. 本宗权属界线、四至明确，权属无异议；

4. 本人对本村公示的集体经济组织成员信息无异议。

特此声明

声明人（签字）：

日 期：

附录 4　指界通知书

__________村民（村小组）：

兹定于______年______月______日______时（中午 / 下午）对坐落在_____________县（市、区）_____________的宗地及其地上房屋进行地籍调查，需你（□本人 / □单位法定代表人或负责人 / □农民集体推举的指界人）或代理人到现场指界。请指界人携带有效证件到现场共同确认权属界线。未按时参加出席指界的，按违约缺席指界规定处理。

集合地点：____________________

不动产地籍调查机构（盖章）

年　　月　　日

附录 5　不动产地籍调查表

宗地 / 宗海代码：

调查单位（机构）：

调查时间：　　年　　月　　日

宗地基本信息表

<table>
<tr><td rowspan="5">□权利人
□实际使用人</td><td>所有权</td><td colspan="7"></td></tr>
<tr><td rowspan="4">使用权</td><td></td><td colspan="3">权利人或实际使用人类型</td><td colspan="3"></td></tr>
<tr><td></td><td colspan="3">证件种类</td><td colspan="3"></td></tr>
<tr><td></td><td colspan="3">证件号</td><td colspan="3"></td></tr>
<tr><td></td><td colspan="3">通讯地址</td><td colspan="3"></td></tr>
<tr><td colspan="2">权利类型</td><td></td><td>权利性质</td><td colspan="2"></td><td colspan="2">土地权属来源证明材料</td><td></td></tr>
<tr><td colspan="2">坐落</td><td colspan="7"></td></tr>
<tr><td colspan="2" rowspan="2">法定代表人或负责人姓名</td><td></td><td>证件种类</td><td colspan="2"></td><td rowspan="2">电话</td><td colspan="2" rowspan="2"></td></tr>
<tr><td></td><td>证件号</td><td colspan="2"></td></tr>
<tr><td colspan="2" rowspan="2">代理人姓名</td><td></td><td>证件种类</td><td colspan="2"></td><td rowspan="2">电话</td><td colspan="2" rowspan="2"></td></tr>
<tr><td></td><td>证件号</td><td colspan="2"></td></tr>
<tr><td colspan="2">权利设定方式</td><td colspan="7"></td></tr>
<tr><td colspan="2">国民经济行业分类代码</td><td colspan="7"></td></tr>
<tr><td colspan="2">预编宗地代码</td><td colspan="3"></td><td>宗地代码</td><td colspan="3"></td></tr>
<tr><td colspan="2">不动产单元代码</td><td colspan="7"></td></tr>
<tr><td colspan="2" rowspan="2">所在图幅号</td><td>比例尺</td><td colspan="6"></td></tr>
<tr><td>图幅号</td><td colspan="6"></td></tr>
<tr><td rowspan="4">宗地四至</td><td colspan="8">北：</td></tr>
<tr><td colspan="8">东：</td></tr>
<tr><td colspan="8">南：</td></tr>
<tr><td colspan="8">西：</td></tr>
<tr><td colspan="2">等级</td><td colspan="3"></td><td colspan="4">价格（元）</td></tr>
<tr><td rowspan="2">批准用途</td><td colspan="2"></td><td colspan="2" rowspan="2">实际用途</td><td colspan="4"></td></tr>
<tr><td colspan="2">地类编码</td><td colspan="2">地类编码</td><td colspan="2"></td></tr>
<tr><td rowspan="2">批准面积（m^2）</td><td rowspan="2"></td><td rowspan="2">宗地面积（m^2）</td><td colspan="2" rowspan="2"></td><td colspan="2">建筑占地总面积（m^2）</td><td colspan="2"></td></tr>
<tr><td colspan="2">建筑总面积（m^2）</td><td colspan="2"></td></tr>
<tr><td colspan="2">土地使用期限</td><td colspan="7"></td></tr>
<tr><td colspan="2">共有 / 共用权利人情况</td><td colspan="7"></td></tr>
<tr><td colspan="2">说明</td><td colspan="7"></td></tr>
</table>

界址标示表

界址点号	界标种类					界址间距（m）	界址线类别								界址线位置			说明
	钢钉	水泥桩	喷涂				界址线	道路	沟渠	围墙	围栏	田埂			内	中	外	

（表格行数可调整，可附页）

界址签章表

界址线			邻宗地		本宗地	日期
起点号	中间点号	终点号	相邻宗地权利人（宗地代码）	指界人姓名（签章）	指界人姓名（签章）	

（表格行数可调整，可附页）

宗地草图

丈量者		丈量日期		绘制者	
检查者		检查日期		概略比例尺	

界址说明表

界址点位说明	
主要权属界线走向说明	

宗地调查审核表

权属调查记事	调查员：　　　　日期：　年　月　日
地籍测量记事	测量人：　　　　日期：　年　月　日
地籍调查结果审核意见	审核人：　　　　日期：　年　月　日

共有 / 共用宗地面积分摊表

土地坐落			
宗地代码			
宗地面积（m^2）		定着物单元数	
定着物代码	土地所有权 / 使用权面积（m^2）	独有 / 独用土地面积（m^2）	分摊土地面积（m^2）
合计			
备注			

注：无共有 / 共用情况的无须填写此表。

房屋调查表

<table>
<tr><td colspan="17">市区名称或代码　　地籍区　　地籍子区　　宗地号　　定着物（房屋）代码</td></tr>
<tr><td>不动产单元号</td><td colspan="16"></td></tr>
<tr><td>房地坐落</td><td colspan="9"></td><td colspan="2">邮政编码</td><td colspan="5"></td></tr>
<tr><td rowspan="2">房屋所有权人</td><td colspan="9" rowspan="2"></td><td colspan="2">证件种类</td><td colspan="5"></td></tr>
<tr><td colspan="2">证件号</td><td colspan="5"></td></tr>
<tr><td>电话</td><td colspan="4"></td><td colspan="2">住址</td><td colspan="3"></td><td colspan="2" rowspan="4">共有情况</td><td colspan="5" rowspan="4"></td></tr>
<tr><td>权利人类型</td><td colspan="4"></td><td colspan="2">项目名称</td><td colspan="3"></td></tr>
<tr><td>房屋性质</td><td colspan="4"></td><td colspan="2">产别</td><td colspan="3"></td></tr>
<tr><td>用途</td><td colspan="4"></td><td colspan="2">规划用途</td><td colspan="3"></td></tr>
<tr><td rowspan="6">房屋状况</td><td rowspan="2">幢号</td><td rowspan="2">户号</td><td rowspan="2">总套数</td><td rowspan="2">总层数</td><td rowspan="2">所在层</td><td rowspan="2">房屋结构</td><td rowspan="2">竣工时间</td><td rowspan="2">占地面积（m^2）</td><td rowspan="2">建筑面积（m^2）</td><td rowspan="2">专有建筑面积（m^2）</td><td rowspan="2">分摊建筑面积（m^2）</td><td rowspan="2">产权来源</td><td colspan="4">墙体归属</td></tr>
<tr><td>东</td><td>南</td><td>西</td><td>北</td></tr>
<tr><td></td><td></td><td></td><td></td><td></td><td></td><td></td><td></td><td></td><td></td><td></td><td></td><td></td><td></td><td></td><td></td></tr>
<tr><td></td><td></td><td></td><td></td><td></td><td></td><td></td><td></td><td></td><td></td><td></td><td></td><td></td><td></td><td></td><td></td></tr>
<tr><td></td><td></td><td></td><td></td><td></td><td></td><td></td><td></td><td></td><td></td><td></td><td></td><td></td><td></td><td></td><td></td></tr>
<tr><td></td><td></td><td></td><td></td><td></td><td></td><td></td><td></td><td></td><td></td><td></td><td></td><td></td><td></td><td></td><td></td></tr>
<tr><td rowspan="2">房屋权界线示意图</td><td colspan="9" rowspan="2"></td><td colspan="2">附加说明</td><td colspan="5"></td></tr>
<tr><td colspan="2">调查意见</td><td colspan="5"></td></tr>
</table>

调查员：　　　　　　　　　　　　　　　　日期：　　　年　　月　　日

构（建）筑物调查表

<table>
<tr><td>宗地（海）代码</td><td></td><td>坐落</td><td></td></tr>
<tr><td>不动产单元号</td><td colspan="3"></td></tr>
<tr><td rowspan="2">构（建）筑物所有权人</td><td rowspan="2"></td><td>证件种类</td><td></td></tr>
<tr><td>证件号</td><td></td></tr>
<tr><td>权利人类型</td><td colspan="3"></td></tr>
<tr><td>构（建）筑物类型</td><td colspan="3"></td></tr>
<tr><td>构（建）筑物规划用途</td><td colspan="3"></td></tr>
<tr><td>构（建）筑物面积（m^2）</td><td colspan="3"></td></tr>
<tr><td>竣工时间</td><td colspan="3"></td></tr>
<tr><td>共有情况</td><td colspan="3"></td></tr>
<tr><td>备注</td><td colspan="3"></td></tr>
<tr><td colspan="4">附图
（构（建）筑物平面图，可附页）</td></tr>
</table>

附录 6　界址点点位精度对比表

序号	检查坐标		解析法坐标（m）		二维图解法坐标（m）		三维图解法坐标（m）		国土云调查法坐标（m）	
	X	Y	ΔX	ΔY	ΔX	ΔY	ΔX	ΔY	ΔX	ΔY
1	2909139.696	443388.830	0.032	0.012	−0.824	0.674	−0.046	−0.010	−1.752	0.247
2	2909137.584	443392.870	0.012	−0.037	0.765	0.478	0.035	0.041	1.324	0.874
3	2909135.846	443391.990	0.003	0.014	1.245	−0.850	0.045	−0.080	2.145	−2.458
4	2909132.403	443398.720	−0.020	0.004	0.755	1.359	−0.034	−0.080	1.754	3.145
5	2909124.866	443394.980	0.054	−0.034	0.681	1.495	0.043	0.079	−2.434	−2.104
6	2909130.370	443384.110	0.019	−0.067	1.214	0.851	0.059	−0.060	1.876	2.861
7	2909138.075	443403.440	0.034	0.045	1.236	0.839	0.067	0.056	1.562	3.015
8	2909131.843	443411.600	−0.030	0.052	−0.916	1.105	0.037	0.084	2.413	2.194
9	2909127.185	443409.320	0.015	0.061	0.854	−1.200	−0.066	−0.060	1.231	−3.334
10	2909126.246	443408.870	0.031	−0.016	−0.672	−1.370	−0.064	0.063	−1.534	−3.035
11	2909130.956	443399.120	0.006	0.029	1.286	0.841	0.052	0.075	1.684	2.964
12	2909124.631	443396.060	0.027	−0.048	1.347	0.631	0.041	0.084	2.419	2.168
13	2909119.941	443405.840	0.017	0.025	0.992	0.983	−0.076	−0.050	2.557	1.986
14	2909093.011	443353.960	−0.040	0.036	−0.845	−1.240	0.058	0.064	−3.019	−1.463
15	2909087.190	443367.840	0.026	0.051	1.236	0.813	0.055	0.071	3.037	1.425
16	2909079.649	443364.570	−0.030	−0.034	0.846	1.235	0.047	0.075	2.816	−1.654

续表

序号	检查坐标		解析法坐标（m）		二维图解法坐标（m）		三维图解法坐标（m）		国土云调查法坐标（m）	
	X	Y	ΔX	ΔY	ΔX	ΔY	ΔX	ΔY	ΔX	ΔY
17	2909085.442	443350.790	0.004	0.079	−0.621	1.365	0.031	−0.090	1.943	2.497
18	2909079.877	443347.310	0.039	−0.041	1.029	0.965	0.048	0.073	1.953	2.514
19	2909073.330	443361.830	0.022	0.053	0.846	0.254	0.051	0.078	−2.654	−1.964
20	2909066.208	443359.200	−0.010	0.069	1.368	0.659	−0.064	−0.060	3.011	1.464
21	2909071.753	443344.280	0.068	0.021	−1.073	−0.960	0.061	0.064	2.643	2.864
22	2909064.300	443398.990	0.057	0.011	1.319	0.756	0.057	−0.070	2.136	−2.431
23	2909052.719	443408.150	0.026	−0.042	−0.956	−1.020	0.049	0.074	2.467	2.014
24	2909048.735	443403.470	−0.070	0.003	0.722	1.326	0.052	−0.690	−2.679	−1.846
25	2909054.082	443398.360	0.031	0.052	1.169	0.863	−0.044	0.810	1.983	2.457
26	2909053.519	443397.780	0.014	0.024	−0.758	−1.320	0.076	0.046	3.017	−1.435
27	2909056.358	443394.790	0.062	−0.013	1.248	0.824	0.059	0.065	2.341	2.091
28	2909058.971	443392.250	0.028	0.027	0.764	1.259	−0.043	−0.080	−3.214	1.325
29	2909041.008	443421.000	−0.040	0.016	1.346	0.635	0.053	0.072	2.548	1.864
30	2909046.414	443429.340	0.009	0.081	0.954	1.103	0.069	−0.050	2.943	1.524
31	2909038.540	443413.750	0.032	0.055	1.264	0.851	0.033	0.093	−1.943	2.584
32	2909023.235	443417.590	−0.050	0.043	−1.289	−0.820	0.046	−0.080	2.013	−2.492
33	2909020.953	443418.900	0.039	−0.049	0.834	1.098	−0.054	−0.070	2.348	2.149
34	2909027.395	443430.050	−0.060	0.017	−0.761	−1.290	0.039	0.086	2.274	−2.217
35	2909031.725	443428.560	0.068	0.023	0.756	1.358	0.042	−0.080	−3.204	−1.248

续表

序号	检查坐标		解析法坐标（m）		二维图解法坐标（m）		三维图解法坐标（m）		国土云调查法坐标(m)	
	X	Y	ΔX	ΔY	ΔX	ΔY	ΔX	ΔY	ΔX	ΔY
36	2909030.377	443424.610	0.025	0.071	1.286	−0.850	0.049	0.072	1.968	2.517
37	2908977.500	443682.680	0.041	0.042	1.151	0.875	0.061	0.062	1.976	2.387
38	2908967.097	443688.560	−0.060	0.021	−0.874	−1.250	−0.058	−0.060	2.468	−2.142
39	2908963.732	443682.600	0.028	0.051	0.852	1.243	0.074	0.049	3.002	1.495
40	2908961.824	443679.540	−0.050	0.029	1.026	0.986	0.081	0.047	2.349	2.117
41	2908970.765	443672.520	0.016	0.063	0.953	−1.250	0.064	0.057	−2.224	−2.286
42	2908974.161	443676.710	0.021	0.051	−0.726	1.248	−0.031	−0.090	1.865	2.674
43	2908971.992	443643.500	0.036	0.044	1.264	0.843	0.086	0.037	1.768	−2.856
44	2908967.527	443652.870	−0.060	0.019	−1.342	−0.750	0.075	−0.050	2.501	2.006
45	2908966.443	443654.850	0.031	−0.048	0.882	1.251	0.043	0.079	2.316	2.214
46	2908960.658	443649.590	−0.030	0.069	0.753	1.329	0.038	−0.090	−3.104	−1.357
47	2908965.121	443640.230	0.049	−0.046	1.249	0.754	0.066	0.059	2.014	2.468
48	2909038.370	443733.770	0.018	0.062	−1.376	−0.660	−0.065	−0.060	3.098	1.394
49	2909046.891	443736.510	0.029	0.053	0.861	1.213	0.059	0.063	2.478	2.048
50	2909039.779	443758.710	0.031	0.048	−0.816	−1.250	0.073	0.049	−3.258	−1.351
51	2909031.532	443755.990	−0.050	0.027	0.953	1.059	0.047	−0.080	2.549	1.923
52	2909029.142	443755.250	−0.070	−0.008	1.256	0.824	0.043	0.081	1.486	−2.917
53	2909033.892	443740.700	0.043	0.041	0.951	−1.020	−0.073	−0.050	2.648	2.002
54	2909036.011	443741.330	0.031	0.061	1.331	0.761	0.035	0.091	−2.139	−2.458

续表

序号	检查坐标		解析法坐标（m）		二维图解法坐标（m）		三维图解法坐标（m）		国土云调查法坐标（m）	
	X	Y	ΔX	ΔY	ΔX	ΔY	ΔX	ΔY	ΔX	ΔY
55	2909103.635	443772.670	0.046	0.033	−1.298	−0.750	0.061	0.064	2.549	1.945
56	2909100.883	443783.640	0.013	−0.073	0.843	1.176	0.064	0.061	2.443	2.007
57	2909113.233	443786.690	0.041	0.032	−0.952	−1.010	−0.051	−0.070	3.146	−1.431
58	2909115.857	443775.650	−0.040	−0.043	1.279	0.731	0.031	0.092	1.521	2.946
59	2909109.729	443803.690	0.078	0.014	0.751	1.351	0.076	0.048	−2.008	2.468
60	2909100.101	443801.130	0.063	0.027	1.268	0.812	0.049	0.074	3.162	1.368
61	2909104.770	443803.310	0.026	0.065	0.724	−1.360	−0.046	−0.080	1.825	−2.654
62	2909103.036	443809.770	0.045	0.041	1.358	0.721	0.068	0.057	2.615	−2.869
63	2909105.062	443812.150	0.039	0.051	−0.756	−1.350	0.088	0.034	2.128	2.368
64	2909107.905	443811.060	−0.020	−0.056	−1.006	−1.050	0.046	−0.080	−3.069	1.452
65	2909311.006	444137.750	0.064	0.017	1.249	0.762	0.079	0.043	1.861	2.659
66	2909313.075	444141.620	0.041	0.045	0.895	−1.120	0.035	0.087	2.301	2.107
67	2909319.292	444138.260	−0.050	0.031	0.934	1.121	−0.047	−0.080	−3.106	1.352
68	2909317.732	444149.470	0.024	0.069	−0.735	−1.360	0.061	0.065	2.219	2.341
69	2909329.105	444149.430	0.031	0.055	−1.168	0.982	0.075	0.048	3.021	−1.653
70	2909332.812	444156.310	0.047	0.042	0.812	1.213	0.055	0.069	2.297	2.154
71	2909341.297	444151.640	−0.030	0.059	1.162	0.986	−0.083	−0.040	1.991	2.541
72	2909334.605	444138.930	0.069	−0.017	−0.954	−1.010	0.072	0.049	2.551	2.813
73	2909325.933	444143.580	0.017	0.068	1.115	0.964	0.036	0.087	2.106	−2.339

续表

序号	检查坐标		解析法坐标（m）		二维图解法坐标（m）		三维图解法坐标（m）		国土云调查法坐标（m）	
	X	Y	ΔX	ΔY	ΔX	ΔY	ΔX	ΔY	ΔX	ΔY
74	2909329.260	444127.230	0.009	0.071	−1.163	−0.840	0.057	0.068	3.014	1.462
75	2909317.109	444134.250	0.024	0.051	1.148	0.867	0.061	0.062	−2.716	1.676
76	2909336.342	444217.770	−0.020	−0.061	0.953	1.012	−0.085	−0.040	1.873	2.657
77	2909327.499	444213.810	0.036	0.048	0.676	1.421	0.059	0.064	3.002	1.442
78	2909323.509	444212.120	0.074	0.002	0.825	−1.250	0.043	0.081	3.341	1.121
79	2909320.167	444219.760	0.021	−0.067	−1.312	−0.720	0.037	0.086	−2.134	−2.385
80	2909330.867	444224.360	−0.020	−0.061	0.986	1.235	0.054	0.071	1.764	2.846
81	2909333.137	444225.340	0.037	0.054	-0.865	−1.260	0.072	0.049	1.968	2.497
82	2909493.719	444227.090	0.055	0.031	1.125	0.954	−0.069	−0.060	2.136	−2.394
83	2909490.932	444215.310	0.049	0.012	1.147	0.961	0.058	0.064	−2.961	−1.534
84	2909489.325	444207.880	0.012	0.071	−0.875	−1.290	0.047	0.076	3.214	1.354
85	2909486.453	444195.850	−0.030	−0.057	0.731	1.368	0.052	0.072	2.543	2.691
86	2909483.650	444183.900	0.029	0.061	−1.158	−0.840	−0.034	0.091	1.864	2.763
87	2909492.648	444181.810	−0.040	0.032	1.164	0.943	0.066	−0.060	−2.361	−2.154
88	2909495.477	444193.760	0.057	−0.026	1.221	0.882	0.057	0.067	1.764	2.675
89	2909498.233	444205.660	0.034	0.045	−0.863	−1.250	−0.049	−0.080	3.139	−1.369
90	2909500.000	444213.180	0.022	0.068	0.686	1.367	0.047	0.077	2.671	1.857
91	2909502.799	444225.120	0.049	0.031	1.029	1.154	0.035	0.086	1.648	2.846
92	2909392.521	443948.830	−0.020	0.037	0.951	1.015	0.073	0.051	2.329	2.153

续表

序号	检查坐标		解析法坐标（m）		二维图解法坐标（m）		三维图解法坐标（m）		国土云调查法坐标（m）	
	X	Y	ΔX	ΔY	ΔX	ΔY	ΔX	ΔY	ΔX	ΔY
93	2909390.686	443956.770	0.031	0.042	−0.882	−1.220	0.081	0.041	−2.714	−1.784
94	2909387.517	443956.000	0.017	0.061	0.765	1.315	−0.053	−0.070	2.613	1.863
95	2909384.142	443970.780	0.029	0.049	−1.301	−0.700	0.068	0.054	3.094	1.485
96	2909375.794	443968.820	0.005	−0.860	1.151	1.021	0.073	0.051	1.635	−2.955
97	2909380.936	443946.230	−0.060	0.017	−1.214	−1.000	0.045	0.079	2.438	−2.008
98	2909400.378	443947.960	0.021	0.055	0.634	1.421	−0.069	−0.060	−3.334	1.352
99	2909391.614	443966.430	−0.020	−0.061	0.831	1.201	0.055	0.069	2.193	2.368
100	2909420.923	443960.490	0.052	0.029	1.005	1.009	0.062	0.062	3.176	1.369
101	2909417.030	443966.880	0.036	−0.049	−0.649	−1.470	0.032	0.092	1.967	2.561
102	2909410.583	443977.460	0.073	0.011	0.846	1.243	0.084	0.041	−1.568	−2.951
103	2909471.626	443853.750	0.042	0.036	0.742	1.381	0.052	0.072	2.449	2.087
104	2909467.972	443863.370	0.039	0.051	−1.317	−0.720	0.036	0.086	2.834	1.675
105	2909461.393	443861.250	0.011	0.077	0.699	1.413	−0.057	−0.070	3.021	1.423
106	2909455.196	443859.090	0.026	−0.056	1.412	0.691	0.075	0.048	−2.764	−1.647
107	2909459.028	443849.530	−0.010	0.059	−0.759	−1.360	0.048	0.076	3.093	1.468
108	2909464.919	443851.490	0.035	0.043	1.264	0.843	−0.059	−0.070	2.843	1.685
109	2909471.964	443853.670	0.027	0.051	0.743	1.365	0.037	0.087	3.069	1.456
110	2909474.300	443846.530	0.017	0.067	−0.661	−1.490	0.049	−0.080	−2.517	1.961
111	2909463.922	443843.550	−0.030	−0.047	1.192	0.964	0.045	0.079	2.763	−1.754

续表

序号	检查坐标		解析法坐标（m）		二维图解法坐标（m）		三维图解法坐标（m）		国土云调查法坐标(m)	
	X	Y	ΔX	ΔY	ΔX	ΔY	ΔX	ΔY	ΔX	ΔY
112	2909462.599	443847.720	0.029	0.057	−1.305	−0.750	0.073	0.051	2.649	1.843
113	2909459.872	443841.020	0.016	−0.071	0.743	1.342	0.054	0.071	1.682	2.814
114	2909458.191	443843.900	0.048	0.046	1.165	0.954	0.026	−0.100	−1.965	−2.468
115	2909448.482	443854.510	−0.080	0.011	−1.259	−0.810	−0.051	0.073	2.468	2.049
116	2909447.385	443970.850	−0.010	0.069	0.725	1.364	0.085	0.039	3.045	1.468
117	2909450.667	443964.850	0.016	−0.054	1.154	0.816	0.065	0.059	1.986	2.549
118	2909454.223	443958.100	0.043	0.039	0.961	1.015	0.056	0.068	−2.846	−2.674
119	2909462.403	443962.890	0.025	0.057	−0.742	−1.350	−0.077	−0.050	1.463	3.059
120	2909458.646	443969.410	0.016	0.065	1.164	0.939	0.031	0.093	3.042	1.598
121	2909455.326	443975.470	−0.030	−0.580	−0.852	−1.240	0.089	0.035	2.541	−2.683
122	2909440.551	443982.240	0.038	0.044	1.009	1.018	−0.055	−0.070	−3.355	1.255
123	2909437.085	443988.950	0.064	−0.021	1.126	0.931	0.071	0.053	1.994	−2.467
124	2909451.973	444000.950	0.035	0.057	−0.761	−1.350	0.049	−0.080	2.463	−2.073
125	2909454.339	443998.210	0.066	0.023	1.276	0.821	0.076	0.048	−1.357	−3.041
126	2909460.210	443992.730	0.049	−0.024	0.319	−1.710	−0.061	−0.060	3.007	1.413
点位中误差			$\pm\sqrt{\frac{\sum_1^{126}(\Delta X^2+\Delta Y^2)}{126}}=\pm 0.045$ m		$\pm\sqrt{\frac{\sum_1^{126}(\Delta X^2+\Delta Y^2)}{126}}=\pm 1.152$ m		$\pm\sqrt{\frac{\sum_1^{126}(\Delta X^2+\Delta Y^2)}{126}}=\pm 0.064$ m		$\pm\sqrt{\frac{\sum_1^{126}(\Delta X^2+\Delta Y^2)}{126}}=\pm 2.55$ m	

附录 7　相邻界址点间距精度对比表

序号	检查边长（m）	解析法边长差（m）	二维图解法边长差（m）	三维图解法边长差（m）	国土云调查法边长差（m）
	L	L－D	L－D	L－D	L－D
1	7.52	0.04	0.15	－0.05	0.75
2	10.12	0.02	0.17	0.07	3.12
3	8.68	0.01	－0.04	0.06	－2.89
4	1.45	－0.03	0.02	－0.04	0.43
5	12.45	－0.01	0.24	0.08	3.24
6	10.58	－0.02	0.23	0.11	2.99
7	7.55	0.02	0.08	0.09	1.21
8	13.75	0.01	0.32	0.11	0.89
9	6.54	0.00	0.18	0.02	6.52
10	14.02	0.00	0.32	0.09	3.56
11	3.52	0.00	0.02	0.07	0.26
12	1.26	－0.02	0.01	－0.06	0.11
13	4.53	0.03	－0.16	0.04	0.65
14	8.75	0.04	－0.08	－0.05	1.21
15	7.56	0.02	－0.15	0.03	2.85
16	6.02	0.01	0.45	－0.02	3.25
17	5.87	－0.03	0.02	0.08	2.84
18	10.05	0.04	0.40	0.14	－3.56
19	12.12	0.07	－0.31	0.04	4.13
20	10.12	－0.06	－0.25	－0.05	2.56
21	3.04	0.04	0.02	0.03	1.10
22	4.32	－0.05	0.12	－0.02	0.63
23	10.51	0.03	－0.15	0.01	3.26
24	3.46	－0.02	－0.02	0.00	1.25
25	5.78	0.01	0.04	0.07	－2.14
26	2.45	0.00	0.00	－0.01	0.29
27	9.52	0.02	－0.28	－0.09	3.21

续表

序号	检查边长（m）	解析法边长差（m）	二维图解法边长差（m）	三维图解法边长差（m）	国土云调查法边长差（m）
	L	L－D	L－D	L－D	L－D
28	11.66	-0.03	－0.16	－0.07	3.85
29	15.79	0.07	－0.41	0.12	－4.10
30	12.34	0.05	0.18	0.13	－3.84
31	4.68	0.01	0.32	0.02	0.39
32	7.98	－0.03	0.02	0.01	2.54
33	7.54	0.02	0.01	0.05	1.26
34	1.25	0.00	0.00	0.00	0.12
35	1.08	－0.01	－0.08	0.09	0.05
36	7.89	－0.02	－0.12	0.08	2.14
37	6.65	－0.04	0.05	0.13	0.89
38	4.25	－0.06	0.01	0.02	－0.65
39	6.98	0.04	0.08	0.07	1.48
40	7.21	－0.05	－0.07	0.06	－2.14
41	4.56	0.03	－0.12	－0.04	1.25
42	11.23	－0.02	－0.18	0.15	－3.25
43	18.46	0.04	0.42	0.09	－4.01
44	14.67	0.02	－0.17	－0.08	5.41
45	5.76	0.01	0.02	0.02	1.21
46	8.97	－0.03	－0.05	0.01	2.68
47	14.57	0.06	0.28	0.00	－3.44
48	16.75	－0.08	－0.18	－0.08	3.79
49	5.48	0.01	0.01	－0.12	1.01
50	4.76	－0.01	0.02	0.01	－0.62
51	3.00	0.01	0.01	0.01	0.41
52	5.74	0.02	0.09	0.02	1.10
53	10.24	－0.04	－0.15	－0.12	－3.43
54	8.74	－0.03	0.23	0.09	1.59
55	11.06	－0.01	－0.24	0.21	4.13
56	12.75	－0.02	－0.19	0.07	2.84
57	4.52	0.02	－0.04	－0.06	0.65

续表

序号	检查边长（m）	解析法边长差（m）	二维图解法边长差（m）	三维图解法边长差（m）	国土云调查法边长差（m）
	L	L—D	L—D	L—D	L—D
58	10.25	0.01	—0.27	—0.09	—3.64
59	9.75	0.00	—0.09	0.07	1.52
60	7.54	0.03	0.02	0.02	2.68
61	10.24	—0.01	—0.28	—0.02	—3.01
62	7.24	—0.01	0.15	—0.04	—0.66
63	7.05	0.02	—0.09	—0.06	—1.52
64	6.01	0.00	—0.07	0.04	1.54
65	14.02	0.04	—0.28	—0.05	—4.85
66	11.25	—0.04	—0.21	0.03	—2.97
67	10.25	0.01	0.01	—0.02	2.60
68	11.74	0.04	0.14	0.15	—1.98
69	2.14	—0.01	0.00	0.00	0.25
70	5.76	0.05	0.01	0.06	0.97
71	8.01	0.01	0.04	0.11	—1.65
72	6.57	—0.04	0.01	—0.02	—0.25
73	12.46	—0.10	—0.28	0.08	—3.54
74	11.21	0.01	—0.14	—0.09	2.41
75	10.28	—0.05	—0.23	—0.13	—3.25
76	5.79	0.00	0.01	0.02	1.64
77	7.05	0.01	0.24	0.06	2.13
78	4.93	—0.02	0.02	0.01	1.56
79	4.64	0.02	0.00	0.01	2.13
80	5.14	0.03	0.03	0.01	1.20
81	5.87	—0.01	0.09	0.02	—1.87
82	12.01	—0.02	—0.26	—0.04	—3.67
83	8.97	0.02	—0.31	—0.03	2.43
84	14.05	0.01	0.41	—0.01	4.10
85	8.66	0.00	—0.08	—0.02	2.41
86	7.56	0.03	—0.07	0.02	2.25
87	11.52	—0.01	—0.24	0.01	—3.43

续表

序号	检查边长（m）	解析法边长差（m）	二维图解法边长差（m）	三维图解法边长差（m）	国土云调查法边长差（m）
	L	L－D	L－D	L－D	L－D
88	8.64	0.05	0.11	0.00	2.48
89	7.66	－0.06	0.24	0.12	1.40
90	9.15	0.03	－0.47	－0.03	2.54
91	8.54	－0.04	－0.11	0.08	1.60
92	4.52	－0.04	0.08	0.07	0.56
93	4.02	0.00	0.01	0.09	1.12
94	5.89	0.02	－0.03	0.03	1.24
95	15.78	0.01	－0.25	0.18	－3.52
96	4.52	0.00	0.02	0.01	0.28
97	15.64	－0.12	－0.38	0.12	3.12
98	8.97	0.04	0.14	－0.09	1.54
99	12.14	0.04	－0.42	－0.01	－2.86
100	10.24	－0.02	－0.12	0.11	－3.01
101	5.78	0.00	0.04	0.01	1.10
102	6.75	0.01	0.02	－0.01	1.24
103	8.57	－0.02	0.17	0.02	2.33
104	8.04	0.02	0.07	－0.04	－0.61
105	3.54	0.01	0.01	－0.03	0.13
106	2.78	0.00	0.02	－0.01	0.21
107	6.06	0.03	0.06	－0.02	1.54
108	8.76	0.05	0.12	0.02	2.41
109	7.89	0.01	－0.14	0.01	1.54
110	4.68	－0.04	0.02	0.00	1.24
111	8.97	－0.02	－0.19	0.03	2.46
112	8.54	0.01	－0.20	－0.01	2.41
113	4.67	0.00	－0.02	0.08	－1.42
114	5.89	0.05	0.01	0.06	－1.21
115	8.89	－0.04	0.24	－0.02	2.54
116	8.14	0.01	－0.17	0.06	－2.67
117	6.87	－0.03	0.08	－0.05	2.54

续表

序号	检查边长（m）	解析法边长差（m）	二维图解法边长差（m）	三维图解法边长差（m）	国土云调查法边长差（m）
	L	L－D	L－D	L－D	L－D
118	8.64	0.02	0.23	0.04	－4.15
119	5.78	0.01	0.19	0.05	1.24
120	9.67	0.00	－0.32	－0.11	－3.15
121	10.02	0.02	－0.24	0.09	－3.71
122	8.61	0.01	－0.25	0.05	2.14
123	7.55	0.00	0.29	－0.04	1.49
124	8.09	－0.12	0.15	0.09	－2.57
125	5.67	0.04	0.14	0.04	－1.87
126	9.08	0.04	0.24	－0.07	3.31
127	4.05	－0.01	0.14	－0.08	－1.20
128	8.64	0.00	－0.27	－0.06	2.54
129	5.87	0.02	－0.13	－0.01	1.24
130	11.45	0.11	－0.28	0.09	3.28
131	12.52	0.10	－0.24	－0.04	3.42
132	5.64	0.00	－0.05	0.02	1.87
133	2.47	0.00	0.00	0.01	－0.54
134	8.13	0.02	0.13	0.02	－2.17
135	7.56	－0.01	－0.16	－0.01	2.41
136	5.17	0.03	0.08	0.04	－2.67
137	6.87	-0.02	－0.08	0.02	2.41
138	8.87	－0.01	－0.46	0.02	2.54
139	9.57	－0.01	0.09	0.07	2.89
140	8.15	0.01	0.02	－0.08	－3.10
141	6.75	0.01	0.03	－0.11	2.11
142	4.2	0.00	－0.01	0.10	1.04
间距中误差		$\pm\sqrt{\frac{\sum_1^{142}(L-D)}{142}}$ ＝±0.035 m	$\pm\sqrt{\frac{\sum_1^{142}(L-D)}{142}}$ ＝±0.232 m	$\pm\sqrt{\frac{\sum_1^{142}(L-D)}{142}}$ ＝±0.082 m	$\pm\sqrt{\frac{\sum_1^{142}(L-D)}{142}}$ ＝±2.831 m

附录 8　房屋面积精度对比表

序号	检查面积（m^2）	解析法面积差（m^2）	二维图解法面积差（m^2）	三维图解法面积差（m^2）
	S	S－S1	S－S2	S－S3
1	521.89	2.81	2.91	2.13
2	239.15	1.32	1.41	0.56
3	298.56	2.11	2.19	2.31
4	171.45	0.64	0.71	0.56
5	151.59	0.25	0.36	0.24
6	682.33	1.85	2.01	1.95
7	300.35	1.64	1.84	1.56
8	288.51	0.25	0.36	1.35
9	143.55	1.05	1.14	0.96
10	71.11	0.13	0.25	0.23
11	557.13	2.14	2.19	1.86
12	248.25	1.51	1.63	1.76
13	137.38	1.21	1.32	1.03
14	460.00	1.81	1.86	1.66
15	181.64	0.65	0.79	0.22
16	518.84	2.41	2.46	2.62
17	293.96	1.12	1.34	1.02
18	110.67	0.26	0.35	0.35
19	386.06	2.11	2.34	2.09
20	320.88	1.52	1.61	1.05
21	328.75	0.56	0.71	0.23
22	469.74	2.62	2.83	2.85
23	805.27	3.64	3.79	3.04
24	240.64	1.25	1.34	1.05
25	287.00	1.95	2.09	1.42
26	141.83	0.35	0.46	1.62
27	172.6	0.79	0.84	1.26

续表

序号	检查面积（m^2）	解析法面积差（m^2）	二维图解法面积差（m^2）	三维图解法面积差（m^2）
	S	S－S1	S－S2	S－S3
28	208.33	1.24	1.36	2.01
29	484.58	1.75	1.88	2.14
30	175.72	1.26	1.32	0.26
31	216.16	1.28	1.39	0.89
32	388.17	2.56	2.67	1.46
33	598.10	2.16	2.46	1.86
34	247.84	1.56	1.63	1.01
35	367.74	1.46	1.49	1.26
36	450.42	1.76	1.71	2.15
37	472.68	1.79	1.84	1.42
38	546.84	1.86	1.92	0.76
39	592.92	2.16	2.28	2.03
40	363.41	1.47	1.59	1.24
41	311.25	1.36	1.87	0.56
42	256.68	1.29	0.89	0.84
43	357.29	1.39	1.42	1.52
44	499.90	1.76	0.84	2.13
45	256.19	1.25	1.10	1.08
46	507.96	1.79	1.24	0.56
47	463.77	1.74	2.45	1.42
48	316.55	1.01	1.21	0.46
49	310.72	0.98	0.65	1.73
50	634.25	2.16	3.25	1.62
51	154.18	0.98	0.89	0.08
52	276.50	0.95	0.49	0.18
53	459.98	1.74	2.54	1.46
54	230.01	0.71	0.96	0.26
55	238.32	0.74	1.20	0.54
56	500.16	1.76	1.31	1.21
57	356.58	1.34	2.08	1.62

续表

序号	检查面积（m^2）	解析法面积差（m^2）	二维图解法面积差（m^2）	三维图解法面积差（m^2）
	S	S－S1	S－S2	S－S3
58	625.79	2.26	2.09	0.86
59	399.48	1.46	0.49	0.73
60	469.92	1.53	1.98	0.58
61	371.18	1.49	1.53	0.66
62	162.12	0.68	0.66	0.54
63	191.4	0.71	0.72	1.24
64	255.11	0.86	0.54	1.42
65	303.35	0.94	0.61	0.55
66	594.44	2.01	1.84	1.28
67	185.82	0.68	0.62	1.27
68	512.73	1.74	1.56	0.58
69	381.73	1.46	1.64	1.46
70	181.62	0.74	0.20	0.24
71	1198.39	3.26	1.56	2.58
72	397.00	1.41	1.05	0.56
73	335.2	1.16	0.89	1.58
74	403.97	1.42	0.81	1.24
75	328.65	0.98	0.26	0.43
76	256.32	0.84	1.89	0.31
77	285.96	0.75	1.23	0.57
78	336.21	1.02	1.63	0.89
79	173.38	0.64	0.58	0.15
80	348.18	1.06	1.36	0.48
81	321.00	1.02	1.62	1.04
82	256.51	0.95	0.54	0.54
83	532.41	1.78	1.34	2.61
84	297.67	1.06	1.24	1.16
85	407.83	1.41	1.75	0.89
86	320.30	1.08	1.24	1.35
87	337.83	1.12	1.21	1.08

续表

序号	检查面积（m^2）	解析法面积差（m^2）	二维图解法面积差（m^2）	三维图解法面积差（m^2）
	S	S－S1	S－S2	S－S3
88	560.34	2.01	1.88	3.25
89	581.48	2.06	2.54	2.41
90	278.11	1.01	0.82	2.04
91	405.96	1.46	1.61	1.58
92	437.55	1.51	1.24	4.21
93	166.46	0.53	0.52	0.18
94	326.46	1.01	3.01	1.33
95	177.77	0.68	0.51	0.52
96	275.91	1.08	1.21	1.46
97	518.52	1.76	1.35	1.89
98	379.11	1.49	1.06	0.92
99	315.19	1.05	0.96	0.20
100	332.16	1.07	1.22	1.87
房屋面积限差	房屋面积精度均满足三级精度$0.08\sqrt{S}+0.006S$			

参考文献

[1] 全国信息分类与编码标准化技术委员会. 中华人民共和国行政区划代码：GB/T 2260—2007[S]. 北京：中国标准出版社，2007.

[2] 全国地理信息标准化技术委员会. 1：500　1：1000　1：2000 地形图航空摄影测量内业规范：GB/T 7930—2008[S]. 北京：中国标准出版社，2008.

[3] 全国地理信息标准化技术委员会. 1：500　1：1000　1：2000 地形图航空摄影测量外业规范：GB/T 7931—2008[S]. 北京：中国标准出版社，2008.

[4] 全国地理信息标准化技术委员会. 国家基本比例尺地形图分幅和编号：GB/T 13989—2012[S]. 北京：中国标准出版社，2012.

[5] 全国地理信息标准化技术委员会. 1：500　1：1 000　1：2000 地形图航空摄影测量数字化测图规范：GB/T 15967—2008[S]. 北京：中国标准出版社，2008.

[6] 全国地理信息标准化技术委员会. 全球定位系统（GPS）测量规范：GB/T 18314—2009[S]. 北京：中国标准出版社，2009.

[7] 全国地理信息标准化技术委员会. 数字测绘成果质量检查与验收：GB/T 18316—2008[S]. 北京：中国标准出版社，2008.

[8] 全国地理信息标准化技术委员会. 国家基本比例尺地图图式第 1 部分：1：500　1：1000　1：2000 地形图图式：GB/T 20257.1—2017[S]. 北京：中国标准出版社，2017.

[9] 全国自然资源与国土空间规划标准化技术委员会. 土地利用现状分类：GB/T 21010—2017[S]. 北京：中国标准出版社，2017.

[10] 全国地理信息标准化技术委员会. 测绘成果质量检查与验收：GB/T 24356—

2023[S]. 北京：中国标准出版社，2023.

[11] 国家测绘局 . 1∶500，1∶1000，1∶2000 地形图质量检验技术规程：CH/T 1020—2010[S]. 北京：中国标准出版社，2010.

[12] 国土资源部 . 地籍调查规程：TD/T 1001—2012[S]. 北京：中国标准出版社，2012.

[13] 国土资源部 . 城镇地籍数据库标准：TD/T 1015—2007[S]. 北京：中国标准出版社，2007.

[14] 全国自然资源与国土空间规划标准化技术委员会 . 不动产单元设定与代码编制规则：GB/T 37346—2019[S]. 北京：中国标准出版社，2019.

[15] 全国航空运输标准化技术委员会 . 航空摄影技术设计规范：GB/T 19294—2003[S]. 北京：中国标准出版社，2003.

[16] 国家测绘地理信息局 . 数字航空摄影测量控制测量规范：CH/T 3006—2011[S]. 北京：中国标准出版社，2011.

[17] 自然资源部 . 低空数字航空摄影规范：CH/Z 3005—2010[S]. 北京：中国标准出版社，2010.

[18] 国家测绘局 . 无人机航摄安全作业基本要求：CH/Z 3001—2010[S]. 北京：中国标准出版社，2010.

[19] 自然资源部 . 低空数字航空摄影测量内业规范：CH/Z 3003—2010[S]. 北京：中国标准出版社，2010.

[20] 自然资源部 . 低空数字航空摄影测量外业规范：CH/Z 3004—2010[S]. 北京：中国标准出版社，2010.

[21] 全国地理信息标准化技术委员会 . 数字航空摄影测量 空中三角测量规范：GB/T 23236—2009[S]. 北京：中国标准出版社，2009.

[22] 邓清军，张士武，许邦鑫 . 无人机倾斜摄影技术在农村不动产确权中的应用 [J]. 北京测绘，2018，32(02):225-228.DOI:10.19580/j.cnki.1007-3000.2018.02.018.

[23] 喻智华 . 分析倾斜摄影测量技术在不动产测绘中的应用 [J]. 价值工程，2019，38(31):252-253.DOI:10.14018/j.cnki.cn13-1085/n.2019.31.099.

[24] 崔瑶瑶，杜甘霖，张玉侠 . 无人机倾斜摄影三维建模在农房确权登记发证项目中的应用 [J]. 测绘通报，2017(S1):192-194.DOI:10.13474/j.cnki.11-2246.2017.0651.

[25] 赵树枫 . 农村宅基地制度与城乡一体化 [M]. 北京：中国经济出版社，2015.